Die Hasen - Strategie

»Warum Hasen mehr von Geld verstehen als ich armes Schwein!«

»Das Finanz-Buch für die ganze Familie!«

von Bernd M. Schmid

Nutze den Tag

Die Situation, die jetzt gekommen ist
zeigt dir ganz deutlich, wer Du in Wirklichkeit bist.
Was soll ich jetzt tun? das fragst Du mich.
Und ich sag' zu Dir: Frag erst einmal dich.
Was habe ich getan, wirst Du Dich fragen
und eine Stimme wird die Antwort wagen:

Zu viel Hektik, zu wenig Ruh.
Zu viel Ich, zu wenig Du.
Zu viel Faulheit und Angst, zu wenig Mut,
mehr Kraft zum Handeln, das wäre gut!

Mehr Friede und weniger Streit.
Mehr Güte und weniger Neid.
Mehr Liebe und weniger Hass.
Mehr Wahrheit, das wär' doch was!

Wenn's dunkel wird, ein bisschen mehr Licht.
Kein quälendes Verlangen, ein bisschen Verzicht.
Es komme, was da kommen mag!
Und wenn Du noch lebst, dann nutze den Tag!

Bernd M. Schmid

Illustration von Lukas Luke Drak
www.we-feel-yellow.com

Impressum:

Verlag:

David Vandeven
Vandeven24 Literaturverlag
ErnstThälmannStraße 63
DE 02708 Großschweidnitz
Telefon: +49 (0) 3591 / 570 9 087
Mobil: +49 (0) 1577 / 887 1 906
info@BuchFairlag.de
www.BuchFairlag.de
UstID: DE268034394

Cover-Design:

www.taliesi.com

Autor:

Bernd M. Schmid
bernd-schmid@email.de
www.Finanz-Punk.de

ISBN: : 978-3-947070-09-1 – Preis: 24,90 €

Illustration von Lukas Luke Drak
www.we-feel-yellow.com

Inhaltsverzeichnis

Illustration von Lukas Luke Drak
www.we-feel-yellow.com

»Warum dieses Buch entstand!«

»Über Geld spricht man nicht!« heißt es im Volksmund. Aber angesichts leerer Rentenkassen, den verunglückten Gesundheitsreformen, immer höheren Steuerbelastungen, einer ständig steigenden Zahl von Privat- und Unternehmensinsolvenzen und nicht zuletzt wegen der Wirtschafts- und Finanzkrise sollte sich mittlerweile nahezu jeder Gedanken über seine privaten Finanzen und finanzielle Zukunft machen.

Dennoch tun sich die Menschen mit dem Thema Geld schwer und überlassen ihre Finanzen dem Zufall oder irgendwelchen »Pseudo-Experten«. Es kommt leider immer wieder vor, dass Menschen von einem unabhängigen und »Freien Finanzberater« einen Anlagetipp erhalten und dann einen Verwandten, Freund oder Bekannten fragen, was dieser über diesen Anlagetipp denkt. Die meisten Menschen haben in ihrem persönlichen Umfeld allerdings niemanden, der sich tatsächlich mit dem Thema Geld auskennt. Oft ist es dann so, dass dieses Umfeld von einem interessanten Investment auf Grund von Unerfahrenheit, Unwissenheit oder auch Angst abraten wird.

Es mag sein, dass ein Metzgermeister in seinem Beruf ein Meister ist, was allerdings noch lange nicht bedeutet, dass er sich auch in finanziellen Fragen wirklich auskennt.

Stellen Sie sich doch einfach bitte mal vor, Sie hätten an Ihrem Auto ein technisches Problem. Wen suchen Sie jetzt auf? Einen Metzgermeister? Natürlich sagen Sie jetzt: »Ich werde selbstverständlich jemanden fragen, der sich damit auskennt, nämlich einen Kfz-Meister!«

In den meisten Geldangelegenheiten wird allerdings der »Metzgermeister« befragt und dies führt dann zu katastrophalen Ergebnissen. Warum ist das so? Zu den Ursachen gehören unter anderem Wissenslücken, Selbstüberschätzung, mangelndes Vertrauen in Andere, mangelndes Vertrauen in sich selbst und emotionale Barrieren, die viele Menschen daran hindern, sich mit Gelddingen zu befassen.

In meiner früheren, langjährigen Tätigkeit in der Welt der Finanzen und in sehr vielen Gesprächen mit Interessenten und Kunden habe ich folgende emotionalen Barrieren im Umgang mit Geld entdeckt. Sollten Sie sich in einer oder mehreren Barrieren selbst wieder entdecken, dann nutzen Sie diese Selbsterkenntnis zum positiven Wandel. Denn nur wenn Sie bereit sind, in Zukunft andere Dinge zu tun, wird sich Ihre eigene finanzielle Situation verbessern...

Illustration von Lukas Luke Drak
www.we-feel-yellow.com

»Emotionalen Barrieren im Umgang mit Geld«

»Über Geld rede ich nicht gerne«

Das bedeutet, dass das Thema Geld bei Menschen, die sagen oder auch denken »Über Geld rede ich nicht gerne«, unangenehme Emotionen auslöst. Das Reden über zu wenig Geld führt bei vielen zu Schamgefühlen und Gespräche über zu viel Geld führen zu Neid und Missgunst. Die finanzielle Situation dieser Personen gehört zur persönlichen Intimsphäre und sie vermeiden es, darüber zu sprechen und das Thema Geld wird als Tabuthema behandelt.

»Geld stinkt«

Bei Menschen, die über Geld sagen, dass »es stinkt«, hat Geld ein negatives Image. Sie denken, sich mit Finanzthemen zu befassen, gilt für sie als oberflächlich und moralisch fragwürdig. Diese Wahrnehmung verstärkt sich noch durch das Auf und Ab an den Börsen und führt zu einem generellen Misstrauen gegenüber Finanzexperten. Finanziell clever und erfolgreich zu sein wird von diesen Menschen nicht selten als Übervorteilung anderer gewertet.

»Das Thema ist mir zu kompliziert«

Menschen die das denken, empfinden das Thema Geld als sehr komplex. Viele dieser Personen haben Schwierigkeiten mit der Produktvielfalt oder mit Begriffen aus der Welt der Finanzen. Dies löst Angst und Unsicherheit aus und führt am Ende zu Vermeidung und Verdrängung. Sie schieben Geldangelegenheiten vor sich her oder überlassen diese am liebsten dem Lebenspartner oder einem Menschen ihres Vertrauens - oft einem »Metzgermeister«!

»Finanzthemen sind mir irgendwie zu abstrakt«

Diesen Menschen sind Vorgänge, wie zum Beispiel der Zinseszinseffekt, nicht unmittelbar greifbar. Auch die oft langen Zeiträume zwischen Abschluss und Auszahlung - beispielsweise bei einem Produkt zur Altersvorsorge - führen dazu, dass Geldthemen als schwer fassbar empfunden werden. Die Angst vor Fehlentscheidungen führt dazu, dass viele solche Themen aussitzen, anstatt sie aktiv anzugehen.

»Wieso, ich bin doch gut versorgt«

Das ist der Irrglaube besonders bei jüngeren Menschen, Menschen, die sich noch in der Ausbildung befinden und Hausfrauen. Frauen der älteren Generation sehen sehr oft gar keine Notwendigkeit, ihre Finanzen selbst in die Hand zu nehmen. Die daraus folgende Unmündigkeit in Finanzfragen wird oft nicht wahrgenommen, da sich diese Personen meist vom Staat oder von ihrem Partner gut versorgt fühlen und sich blind darauf verlassen, dass alles gut wird. Wenn das mal nicht ins Auge geht...

»Sich mit Geld zu beschäftigen macht keinen Spaß«

Vielen Menschen bringt es keinen Lustgewinn, sich mit Finanzthemen auseinander zu setzen und es erscheint ihnen auch nicht »rentabel« genug zu sein. Sie erhalten ihrer Ansicht nach weder genügend materielle Belohnung noch ausreichend soziale Bestätigung.

»Geld ist nicht wichtig«

Diese Aussage treffen eigentlich nur Menschen, die kein Geld oder nur sehr wenig Geld haben, um dadurch eine Ausrede zu finden, um sich nicht als wirtschaftlichen Versager zu outen. Die meisten Menschen, die diese Aussage treffen, sind pleite und möchten dies vor Anderen einfach nicht wahrhaben und zugeben.

Diese sieben emotionalen Barrieren tragen dazu bei, dass viele das Thema Geld eher meiden und dies führt in der Folge auch zu dem beklagten Mangel an Finanzwissen der Menschen insgesamt. Was allerdings sehr interessant ist, dass es trotz allem durchaus Menschen gibt, die wenig oder sogar keine Berührungsängste mit dem Thema Geld haben. Bei ihnen tauchen keine der genannten »Psycho-Hürden« auf. Im Gegenteil: Für sie bedeutet der souveräne Umgang mit privaten Finanzen einen Zugewinn an Prestige und

Unabhängigkeit und sehr oft wird die Komplexität gar als Herausforderung verstanden.

Ich habe in den letzten Jahren in der Praxis festgestellt, dass das komplexe Thema Geld am besten in sehr einfachen Beispielen und Geschichten erklärt werden muss, so dass sogar ein zehnjähriges, normal entwickeltes Kind versteht, wie das Geldsystem funktioniert und was es in Zukunft zu tun hat und was es in Zukunft lieber zu unterlassen hat, wenn es mit seinen noch bescheidenen finanziellen Mitteln ein kleines, oder sogar großes Vermögen aufbauen will. So sind Herbie Hase und Werner Wildschwein in der Praxis entstanden. Eine Fabel, die Ihnen das Geldsystem und den Umgang mit Geld so einfach wie nur möglich darstellt, eben so als wären Sie ein zehnjähriges Kind. Aus diesem Grund habe ich auch eine etwas größere Schrift gewählt - wie es in »Kinderbüchern« eben üblich ist!

Halten Sie sich bitte nicht an den Beispielrechnungen auf und wenn Sie diese nachrechnen, dann denken Sie bitte daran, dass in der Tierwelt nicht mit Euro oder Dollar, sondern mit Waldtalern bezahlt wird und deshalb könnte es durchaus vorkommen, dass Tiere anders rechnen als Menschen - sie kennen ja schließlich Adam Riese nicht. Das Wesentliche ist, dass Sie die Zusammenhänge und Hintergründe erkennen, verstehen und ihr zukünftiges Handeln danach ausrichten.

Viel Spaß beim Lesen und Verstehen wünscht

Dein Bernd M. Schmid

Illustration von Lukas Luke Drak
www.we-feel-yellow.com

»Die Entwicklung im Wald«

Es ergab sich, dass Werner Wildschwein und Herbie Hase eines schönen Sommertages zusammen an einem Bach saßen und sich über die Entwicklung in ihrem Wald unterhielten.

Werner Wildschwein beklagte sich bei Herbie Hase: »Durch die neuen Waldtaler, die vor ein paar Jahren die Wiesenmark durch eine »Währungsumstellung« abgelöst hatte, ist alles immer teurer geworden. Wir haben damals für zwei Wiesenmark einen Waldtaler erhalten und alles sollte durch die neue Währung besser werden. Der Handel mit den anderen Tieren, die nicht im Wald, sondern auf den Wiesen, in den Bergen, in den Steppen und in den Städten leben, sollte dadurch vereinfacht werden und der Tierrat hat zu uns gesagt, dass es besser wäre, wenn sich alle Tiere irgendwann in einem gemeinsamen Tierbündnis zusammenschließen. Nun ist in den letzten Jahren allerdings alles ganz anders gekommen, als es uns unser Tierrat damals verkauft hat. Zum Beispiel verdiene ich heute 1.500 Waldtaler pro Monat und habe vor der Währungsumstellung 3.000 Wiesenmark verdient. Im Gegensatz dazu hat ein Laib Brot vor der Währungsumstellung drei Wiesenmark gekostet und kostet heute drei Waldtaler. Da stimmt doch etwas nicht?«

Herbie Hase hörte die ganze Zeit aufmerksam hin, nickte und ließ Werner Wildschwein weiter reden. »Ich kann heute fast alles eins zu eins umrechnen. Alles hat sich mittlerweile dem Preisniveau von vor der Währungsumstellung angepasst. Nur eben nicht mein Einkommen. Das liegt immer noch bei dem Tauschverhältnis von damals! Früher habe ich zum Beispiel 500 Wiesenmark Miete für das Wildschweingehege, in dem ich wohne, bezahlt und heute bezahle ich 500 Waldtaler! Ich verstehe einfach nicht, warum das so ist?«

»Inflation!« sagte Herbie Hase einfach.

»Inflation?« Was ist Inflation? Ich habe das Wort zwar schon oft gehört, habe mir aber noch nie wirklich Gedanken darüber gemacht. Kannst du mir erklären, was Inflation bedeutet«, fragte Werner Wildschwein.

»Ganz einfach! Unser Tierrat braucht Geld und wie du weißt, sind die Steuereinnahmen auf Grund der schlechten Wirtschaftslage gesunken. Die schlechte Wirtschaftslage und die hohe Arbeitslosenquote sind beispielsweise auch Gründe dafür, warum du nicht mehr verdienst als vor der Währungsumstellung. Weißt du, was unser Tierrat tut, damit er wieder mehr Geld hat?«

»Nein!« stellte Werner Wildschwein fest.

»Erstens leiht er sich Geld und bezahlt dafür Zinsen und zweitens lässt er einfach neues Geld drucken. Das mit dem Geld drucken ist allerdings nur eine sehr kurzfristige Lösung, denn je mehr Geld im Umlauf ist, desto weniger ist es wert. Das nennt man dann Inflation!« erklärte Herbie Hase.

»Aber das ist doch Betrug!« sagte Werner Wildschwein entrüstet.

»Legaler Betrug!« antwortete Herbie Hase. »Denn unser Tierrat hat sich ja selbst gesetzlich dazu berechtigt, neues Geld zu drucken!«

»Und ich armes Schwein habe keine Chance irgendetwas dagegen zu tun!« seufzte Werner Wildschwein.

»Natürlich kannst du dieses System auch für dich nutzen«, sagte Herbie Hase, »allerdings solltest du dann andere Dinge mit deinem Geld tun, als du es bisher getan hast und dir einmal die Frage gestellt, wie viel dein Geld tatsächlich wert ist? Dabei ist es völlig egal, in welcher Währung du dein Geld bekommst! Du glaubst, wenn auf einem Geldschein 100 Waldtaler draufstehen, ist er auch 100 Waldtaler wert. Das kannst du ganz einfach prüfen, wenn du mal aufschreibst, wie viel du für 100 Waldtaler heute einkaufen kannst. Wenn du das ein oder zwei Jahre später wiederholst, dann wirst du erkennen, dass du für das gleiche Geld nur noch weniger Ware kaufen kannst. Richtig interessant wird das, wenn wir diesen Effekt mal über einen langen Zeitraum betrachten.

Im Jahre 1960 arbeiteten die männlichen Tiere im produzierenden Gewerbe für durchschnittlich 2,90 Wiesenmark pro Stunde und die weiblichen Tiere für 1,85 Wiesenmark pro Stunde. Dabei wurden durchschnittlich 46,4 Wochenstunden von den männlichen und 42,2 Wochenstunden von den weiblichen Tieren absolviert. Das ergab einen monatlichen Bruttolohn bei männlichen Tieren von ca. 538 Wiesenmark und für die weiblichen Tiere ca. 312 Wiesenmark. Aus der heutigen Sicht ist es nicht vorstellbar, für einen so geringen Stundenlohn zu arbeiten. Wenn du dir vor Augen führst, dass die gleiche Berufsgruppe im Jahr 2005 ca. 40 Wiesenmark (männliche Tiere) und ca. 30 Wiesenmark (weibliche Tiere) Stundenlohn hatte, wird klar, was hier passiert. Natürlich waren auch die Preise zu dieser Zeit ganz andere als heute. Der Punkt ist aber, dass die Verhältnisse damals genau die gleichen waren wie heute! Wenn jemand damals 100 Wiesenmark geschenkt bekommen hätte, wäre das ein Fünftel seines Bruttoeinkommens gewesen. Heute sind 100 Wiesenmark, also rund 50 Waldtaler, ein Kinobesuch für eine vierköpfige Familie mit Popcorn und Cola. Am Geld selbst hat sich nichts verändert. Auf beiden Scheinen standen 100 Wiesenmark drauf und trotzdem waren sie nicht gleich viel wert. Ihr Wert spiegelt sich dadurch wieder, was du dafür kaufen kannst und es ist von existenzieller Bedeutung für dich, dass du diesen Zusammenhang verstehst.

Das Problem der Tiere in unserem Wald besteht darin, dass sie von klein auf erzogen wurden, Geld als einen Wert zu sehen. Dies ist leider ein gefährlicher Trugschluss!

Geld selbst hat keinen Wert, sondern lediglich eine Kaufkraft, die von den Tieren bewertet bzw. festgelegt wird. Nur die Waren, die wir für das Geld kaufen, haben einen Wert und diese Waren können wertbeständig sein oder nicht! Wenn wir für unsere alten Tage Vorsorge treffen möchten, gilt es, den Gegenwert unserer Arbeit sicher und werthaltig anzulegen. Sicherheit und Werthaltigkeit sind die wichtigsten Eigenschaften, die eine Kapitalanlage haben muss. Allerdings müssen wir zuerst Sicherheit und Werthaltigkeit definieren. Lass mich zunächst die Werthaltigkeit beschreiben: Da wir keine klare Vorstellung davon haben, wie sich die Preise und Löhne entwickeln werden, ist es nicht möglich für uns, eine Größenordung an Vermögen für eine ausreichende Altersversorgung festzulegen. Wir haben nur gelernt zu fragen: »Wie viel zahle ich ein?« und »Was kommt am Ende dabei raus?« Die Zahl, die wir dann als Auszahlungssumme sehen, bewerten wir mit unserem heutigen Geldwertverhältnis und der Erfahrung, was heute alles so kostet. Wir malen uns aus, was wir heute mit diesem Geld alles machen könnten, wenn wir die Summe heute zur Verfügung hätten und unterschreiben zufrieden den Vertrag. Ohne es zu wollen, erliegen wir der Illusion, unsere Alterversorgung wäre damit gesichert. Wie fatal sich dieser Trugschluss auswirken kann, zeigt dir folgendes Beispiel:

Ein Ochse hatte sich im Jahre 1970 dazu entschlossen, einen Sparplan zur Altervorsorge zu besparen und dabei war es vollkommen egal, welche Art von Altersvorsorge er verwendete. Er war damals 30 Jahre jung und wollte mit 65 Jahren in Rente gehen. Er schloss in diesem Beispiel eine Kapitalbildende Lebensversicherung (Seite 23) mit einem gleich bleibenden Betrag in Höhe von monatlich 50 Wiesenmark ab. Beachte, dass diese 50 Wiesenmark etwa 10 von Hundert seines Bruttoeinkommens entsprachen, also einen verhältnismäßig hohen Aufwand für ihn darstellten. Zu seinem 65. Geburtstag im Jahre 2005 holt er sich seinen Kontoauszug von der Wald- und Wiesenbank und sieht seine Ablaufsumme aus der Lebensversicherung in Höhe von ca. 40.000 Wiesenmark, also ca. 20.000 Waldtaler. Damit kann er zum Zeitpunkt der Auszahlung keine großen Sprünge machen und sein Sparvertrag hat ihm nur eines gebracht: Die Erkenntnis,...

..., dass sich Geldwertanlagen einfach nicht lohnen, weil sie die Inflation nicht auffangen können.

Leider hilft ihm diese Erkenntnis zu diesem Zeitpunkt auch nicht mehr weiter. Wahrscheinlich legst du jeden Zehnten deines Einkommens jeden Monat ganz brav zur Seite - so wie es eben alle anderen Tiere im Wald tun - und bringst es zur Wald- und Wiesenbank. Dort bekommst du dann jedes Jahr einen oder zwei von Hundert auf dein abgegebenes Geld. Das bedeutet, wenn du

1.200 Waldtaler jedes Jahr dort hin bringst, dann bekommst du zum Jahresende 24 Waldtaler dazu. Jetzt hast du also insgesamt 1.224 Wiesentaler. Richtig?«

»Woher weißt du das?« fragte Werner Wildschwein und grunzte dabei aufgeregt.

»Wie ich schon sagte! « antwortete Herbie Hase. »So wie es eben alle anderen Tiere im Wald machen! Dass du das genauso machst, hast du mir durch deine Jammerei über die Entwicklung in den letzten Jahre bereits zu verstehen gegeben.«

»Und ich dachte schon du bist Hellseher!« erwiderte Werner Wildschwein mit einem zufriedenen, erleichterten Grunzen. »Was kann ich ändern?«

»Nicht so schnell. Als aller erstes musst du die Auswirkung der Inflation auf dein Geld verstehen«, antwortete Herbie Hase, »und das werde ich dir jetzt erklären! Du bekommst von der Wald- und Wiesenbank jedes Jahr maximal zwei von Hundert und unser Tierrat erklärt uns, dass die Inflationsrate - das ist der Faktor um den dein Geld weniger wert wird - jedes Jahr bei ungefähr zwei von Hundert liegt! Das ist die offizielle Aussage der Wald- und Wiesenbank und des Tierrates, die bedeutet, wenn du von der Wald- und Wiesenbank zwei von Hundert bekommst und dir die Inflation wieder zwei von Hundert weg nimmt, dann hast du tatsächlich gar nichts bekommen. Dein Geld wird sich also niemals vermehren.«

»Das habe ich verstanden!« antwortete Werner Wildschwein während seine kleinen Schweinsäuglein immer größer wurden.

»Die Wahrheit ist allerdings noch viel dramatischer!« sagte Herbie Hase. »In Wirklichkeit liegt nämlich die Inflationsrate bei vier bis fünf von Hundert jedes Jahr und das bedeutet, dass dir die Inflation 40 bis 50 Waldtaler wieder wegnimmt. Du hast jetzt also nicht 1.224 Waldtaler, sondern tatsächlich stehen dir - so etwas nennt man kaufkraftbereinigt - nur noch maximal 1.160 Waldtaler von deinen ursprünglichen 1.200 Waldtalern zur Verfügung.«

»Das ist ja furchtbar«, grunzte Werner Wildschwein schockiert.

»Es kommt allerdings noch viel schlimmer!« fuhr Herbie Hase fort. »Wie du weißt, musst du von deinen Erträgen, die du erwirtschaftest, Steuern an den Tierrat bezahlen!«

»Ja. Das weiß ich!« antwortete Werner Wildschwein. »Da ich aber nach Abzug der Inflationsrate keine Erträge habe, muss ich doch auch keine Steuern bezahlen!«

»Keine Erträge?« fuhr Herbie Hase fort. »Dem Tierrat ist in diesem Fall die Inflationsrate vollkommen egal und nimmt die Steuer direkt von der Wald- und Wiesenbank. Also von deinen 24 Waldtalern. Von diesen 24 Waldtalern kannst du somit noch einmal ungefähr 20 von Hundert abziehen, also ungefähr 5 Waldtaler. Wenn es also optimal für dich läuft, dann hast du jetzt tatsächlich 1.155 Waldtaler erwirtschaftet und dafür insgesamt 1.200 Waldtaler investiert.«

»Das ist ja total frustrierend!« Werner Wildschweins kleine Schweinsäuglein wurden immer größer.

»Wenn du die Auswirkungen der Inflation tatsächlich verstanden hast«, sagte Herbie Hase, »dann weißt du jetzt auch, dass dir die Wald- und Wiesenbank mindestens 5 von Hundert für dein Geld geben sollte! Dann wird es allerdings nur nicht weniger wert sein. Einen Gewinn hast du dann immer noch nicht erzielt! Du musst also mehr als 5 von Hundert bekommen, damit sich dein Geld vermehrt!«

»Du hast Recht!« stellte das Wildschwein fest. »Wie kann ich das ändern?«

»Alles zu seiner Zeit. Als aller erstes musst du deine Verhaltensmuster zum Geld überprüfen!« antwortete der Hase. »Du gehst wahrscheinlich genau so mit Geld um, wie es dein Vater, dein Großvater, dessen Vater getan haben! Richtig?«

Werner Wildschwein grübelt eine Weile und sagt dann: »Ja. Das könnte sein!«

»Und dann solltest du dir die Frage stellen«, antwortet Herbie Hase, »wie erfolgreich und vermögend dein Vater ist und wie erfolgreich und vermögend dein Großvater und dessen Vater gewesen sind!«

Sehr traurig blickend antwortet Werner Wildschwein: »Keiner von allen hat es im Leben zu etwas gebracht. Alle haben Ihr Leben lang gearbeitet und geschuftet, um die Familie durchzubringen. Geld war niemals genug da! Was soll ich nur tun? Ich kann doch in meinem Alter keinen neuen Beruf erlernen, in dem ich mehr Geld verdienen könnte!«

»Du hast nicht richtig hin gehört!« antwortete Herbie Hase. »Ich habe gesagt, dass du deine Verhaltensmuster zu Geld überprüfen sollst! Das ist der erste wichtige Schritt in die richtige Richtung! Ich merke, du bist nicht mehr sehr aufmerksam. Das liegt wahrscheinlich daran, dass es schon sehr spät ist. Wir werden unser Gespräch morgen fortsetzen. Außerdem habe ich meiner kleinen Prinzessin versprochen, dass ich ihr heute Abend noch eine Geschichte erzähle - so sind übrigens die Geschichten über das Land Abakkana entstanden! Ich gebe dir aber noch eine erste Hausaufgabe über die du dir bis zu unserem nächsten Treffen Gedanken machen wirst. Mach dir einfach mal Gedanken darüber, was die reichen und intelligenten Tiere, die Banken, Versicherungen, Bausparkassen - und deine Wald- und Wiesenbank übrigens auch - mit dem Geld machen, das ihnen zur Verfügung steht.«

»Gut. Das werde ich tun!« sagte Werner Wildschwein.

Sie verabredeten sich auf den nächsten Abend und gingen beide von Dannen. Der Hase nach Hause zu seiner Familie und das Wildschwein zur Nachtschicht.

Illustration von Lukas Luke Drak
www.we-feel-yellow.com

»Geldverhaltensmuster«

Als Herbie Hase zum Bach kam, war das Wildschwein schon da und lief aufgeregt hin und her. Als Werner Wildschwein den Hasen sah rief er: »Endlich bist du da Herbie! Ich habe die ganze Nacht keine Auge zu gemacht« - kein Wunder, denn das Wildschwein hatte ja bekanntlich Nachtschicht - »und habe ständig über das was du mir gesagt hast nachgedacht! Ich habe gegrübelt, habe mir den Kopf zerbrochen und konnte mich letzte Nacht kaum auf meine Arbeit konzentrieren. Auch als ich dann heute Morgen zu Hause war, konnte ich auch kein Auge zu tun. Diese Gedanken machen mich noch total verrückt. Und weißt du was, Herbie Hase? Wenn ich ganz ehrlich bin, dann habe ich gar nichts verstanden!«

»Das habe ich fast vermutet!« antwortete Herbie Hase. »Du hast keinerlei neutrale Informationen über das Finanzsystem in unserem Wald. Du hast dich bisher immer auf andere verlassen, wenn du Fragen zu deinen Geldangelegenheiten hattest. Du bist immer wieder zur Wald- und Wiesenbank gegangen und hast das geglaubt und getan, was dir der Wald- und Wiesenbanker erzählt hat! Stimmt das?«

»Ja. Das habe ich gemacht!« antwortete Werner Wildschwein.

»Und. Hast du dir über dein Geldverhaltensmuster Gedanken gemacht?« fragte Herbie Hase.

»Über mein Geldverhaltensmuster? Aber du hast doch gesagt, dass es meine Hausaufgabe ist, dass ich mir Gedanken machen soll, was die reichen und intelligenten Tiere, die Banken, Versicherungen, Bausparkassen, mit dem Geld machen, das ihnen zur Verfügung steht!« antwortete das Wildschwein.

»Ich sehe schon«, sagte Herbie Hase, »du bist - wie die meisten Tiere in unserem Wald - noch nicht in der Lage selbständige Gedanken zu entwickeln. Du musst dir deswegen allerdings keine Gedanken machen. Das hat nichts mit deiner Intelligenz zu tun, sondern mit deinen Verhaltensmustern, die du dir über die Jahre von deinem Vater, von deinen Lehrern, von deinen Freunden und Bekannten angenommen hast und die du durch die gezielten Manipulationen unseres Tierrates und unserer Wald- und Wiesenbank erfahren hast! Wir müssen ganz von vorne beginnen und ich sollte dir zuerst erklären, wie das Finanzsystem in unserem Wald funktioniert. Ich werde dir alles auf eine ganz einfache Art und Weise erklären. So einfach, dass es sogar deine Kinder verstehen können, denn das Finanzsystem funktioniert ganz einfach! Die komplizierten Begriffe, die von den Finanzinstituten und unserem Tierrates verwendet werden, dienen einzig und allein dazu, die Tierwelt zu verwirren. Du brauchst, um erfolgreich mit Geld umzugehen, kein Diplom und auch keinen Doktortitel.

Du wirst einfache Beispiele hören, die du genau so wahrnehmen solltest. Lass die Dinge so einfach wie sie sind, denn in der Einfachheit liegt der Erfolg.«

»Wie ein Kind?« fragte Werner Wildschwein. »Ich bin doch kein Kind mehr …?«

Herbie Hase unterbrach Werner Wildschwein und sagte: »Was den Umgang mit Geld angeht, bist du tatsächlich noch ein Kind. Du weißt nämlich nicht sehr viel über Geld. Ich mache dir das an einem einfachen Beispiel klar. Was denkst du, wenn du das Wort Waldspartag hörst?«

»Als Kind hatte ich eine Spardose von der Wald- und Wiesenbank. Da habe ich dann übers Jahr immer wieder Geld rein geworfen und als dann Waldspartag war, bin ich zur Wald- und Wiesenbank gegangen und habe die Spardose dort abgegeben. Der Banker hat die Spardose geleert, hat das Geld gezählt und es auf mein Wald- und Wiesensparbuch einbezahlt. Dann habe ich die leere Spardose wieder zurückbekommen und außerdem noch ein kleines Geschenk dazu!«

»Genau!« antwortete Herbie Hase. »Und was machen deine Kinder heute?«

»Die sparen jedes Jahr auf den Waldspartag und freuen sich auf das Geschenk« antwortete Werner Wildschwein.

»Eben genauso wie du es früher gemacht hast«, sagte Herbie Hase. »Und wie es dein Vater gemacht hat, und wie es dein Großvater gemacht hat, und wie es dessen Vater gemacht hat! Hier erkennst du ein Geldverhaltensmuster, das du von deinen Ahnen übernommen hast und du unbewusst an deine Kinder weitergibst«

»Das stimmt!« sagte Werner Wildschwein erstaunt.

»Und wie viel von Hundert bekommen deine Kinder für das Geld, das sie zur Wald- und Wiesenbank bringen?« fragte Herbie Hase.

Werner Wildschwein grübelte eine Weile und sagte dann: »Das weis ich nicht!«

»Das ist die erste Katastrophe«, sagte Herbie Hase, »im Umgang mit Geld. Wie die meisten Kinder der Tiere im Wald bringen die Kinder ihr Geld zur Wald- und Wiesenbank und nicht einmal die Eltern wissen, wie viel von Hundert sie bekommen! Dass es die Kinder noch nicht wissen, ist ja schon dramatisch, aber dass die Eltern nicht Bescheid wissen, ist noch viel dramatischer! Wie viel bekommst du denn für dein Geld, das du bei der Wald- und Wiesebank liegen hast?«

Werner Wildschwein wurde ganz verlegen und antwortete ganz leise: »Das weis ich auch nicht!«

»Siehst du!« sagte Herbie Hase. »Du bist - wenn es um den Umgang mit Geld geht - immer noch ein Kind! Ich finde es allerdings sehr traurig und gleichzeitig erschreckend, dass ein mündiges, erwachsenes Wildschwein, wie du es bist, sich keinerlei Gedanken um seine finanzielle Zukunft und um die finanzielle Zukunft seiner Kinder macht. Du weißt doch, was dein Vater, dein Großvater und dessen Vater im Leben erreicht haben. Waren sie finanziell frei?«

»Nein!« antwortete Werner Wildschwein zornig und sagte: »Hase! Mein Vater, mein Großvater und dessen Vater waren anständige Wildschweine, die jeden Tag geschuftet haben, damit sie die Familie durchbringen. Es war zwar nie viel Geld da, aber mein Vater war immer für uns da! Also pass auf was du sagst!«

»So ist es gut. Lass die Sau raus!« sagte Herbie Hase. »Ich kenne deinen Vater und kannte auch deinen Großvater und dessen Vater. Ich weiß, dass alle rechtschaffene Waldesbürger waren. Sie haben nicht nur für ihre Familie gekämpft, sondern sich auch für das Wohl des ganzen Waldes eingesetzt! Dafür werde ich auch immer Achtung für sie haben! Du kennst doch auch meinen Vater?«

»Ja natürlich kenne ich ihn!« antwortete Werner Wildschwein. »Er, und auch dein Großvater, waren ebenso rechtschaffene Waldesbürger!«

»Das stimmt!« antwortete Herbie Hase.

»Und haben meine Ahnen die finanzielle Freiheit im Leben erreicht, die sich doch ins geheim jedes Tier in unserem Wald wünscht?«

»Ich glaube nicht!« antwortete Werner Wildschwein.

»Siehst du!« sagte Herbie Hase. »Wir haben die gleichen Voraussetzungen. Und du kannst dir sicher sein, dass ich meinen Vater und meinen Großvater immer lieben und ehren und niemals ein schlechtes Wort über sie zulassen werde. Wenn wir allerdings deren finanziellen Erfolg betrachten, dann muss ich einfach sagen, dass beide wirtschaftliche Versager sind und waren! Geld ist emotionslos und du solltest dir als aller erstes angewöhnen, das beim Umgang mit Geld Emotionen nichts zu suchen haben. Sobald Emotionen mit im Spiel sind, wird der Umgang mit Geld sogar sehr gefährlich und kann dir hohe Verluste einbringen. Wir werden uns also darauf einigen, das wir das Thema Geld ganz nüchtern und sachlich angehen und unsere Emotionen zu Hause lassen.«

»Das klingt gut!« sagte Werner Wildschwein. »Nun sag mir doch endlich, wie ich etwas verändern kann!«

»Das zweite«, sagte Herbie Hase ganz schnell, »ist, dass wir uns darauf einigen, geduldig zu sein. Um mehr als 5 von Hundert zu bekommen, musst du Geduld und Zeit haben. Außerdem werden wir noch einige Tage miteinander verbringen bis du die einfachen Grundsätze im Umgang mit Geld erfahren und verstanden hast. Bist du damit einverstanden?«

»Einverstanden!« antwortete Werner Wildschwein.

»Nun noch mal meine Frage!« sagte Herbie Hase. »Waren dein Vater, dein Großvater und dessen Vater finanziell frei?«

»Nein!« antwortete Werner Wildschwein.

»Und du weißt jetzt bestimmt auch schon warum!« erwiderte Herbie Hase.

»Ich glaube ja!« sagte Werner Wildschwein.

»Dann lass mal hören!« forderte der Hase das Wildschwein auf.

»Gut. Sie haben immer nur das getan, was sie von ihrem Vater übernommen haben. Ob das nun bewusst oder unbewusst geschehen ist, weis ich nicht! Das ist aber wahrscheinlich auch egal!« stellte Werner Wildschwein fest.

»Genau!« sagte Herbie Hase.

»In unserem ersten Treffen«, fuhr das Wildschwein fort, »habe ich gelernt, dass die Inflation unser Geld vernichtet und dass wir mehr als 5 von Hundert von der Wald- und Wiesenbank bekommen sollten, damit der Wert erhalten bleibt! Nun liegt mein Geld und auch das Geld meiner Kinder bei der Wald- und Wiesenbank und ich weiß nicht, wie viel von Hundert wir dafür bekommen!«

»Wahrscheinlich eins oder zwei von Hundert oder sogar noch weniger!« sagte Herbie Hase.

»So wenig?« stellte Werner Wildschwein ganz traurig fest. »Das ist doch nicht fair!«

»Fair?« fragte Herbie Hase. »Was ist denn fair? Stell dir doch einfach mal vor, du wärst die Wald- und Wiesenbank und alle Tiere im Wald würden dir dein Geld bringen. Keines der Tiere würde sich dafür interessiert, wie viel von Hundert es bekommt. Wie viel würdest du dann geben?«

»So viel wie nötig!« sagte Werner Wildschwein.

»Genau!« sagte Herbie Hase. »Darum ist es auch fair, dass dir und deinen Kindern die Wald- und Wiesenbank nur eins von Hundert gibt, weil das sogar mehr als nötig ist. Und ich sage dir noch was. Das wird die Wald- und Wiesenbank auch niemals ändern, solange die meisten Tiere ihr Geld dort liegen lassen. Auch wenn du morgen zur Bank gehst und zu deinem Wald- und Wiesenbanker sagst, dass du mehr als 5 von Hundert haben willst, dann wird er dich möglicherweise erst einmal schief anschauen und dich als nächstes vor unseriösen Anbietern warnen, die mehr als 5 von Hundert bieten. Die meisten der Tiere glauben das dann und lassen ihr Geld weiter bei der Wald- und Wiesenbank liegen. Damit hat die Manipulation der Tiere wieder mal funktioniert. Was die Tiere – und du natürlich auch – tun sollten, ist sich unabhängig und frei informieren. Sie sollten selbst Vergleiche anstellen und wenn sie nicht mehr weiter wissen, dann sollten sie sich an einen unabhängigen und Freien Berater wenden.

Dieser Freie Berater – er arbeitet nicht ausschließlich für die Wald- und Wiesenbank, sondern kann auch andere Finanzprodukte anbieten – wird dir die Möglichkeiten zeigen, bei denen du mehr als 5 von Hundert manchmal sogar auch mehr als 10 von Hundert bekommst. Und wie du mittlerweile weißt, brauchst du sogar mehr als 10 von Hundert, damit du langfristig ein Vermögen aufbauen kannst.

Einen Freien Berater in Deiner Nähe findest Du unter

www.dach-freie-berater.de!«

»Ok. Das habe ich verstanden!« antwortete Werner Wildschwein. »Die Wald- und Wiesenbank gibt mir und meinen Kindern nur so viel wie nötig! Was mich allerdings jetzt noch interessieren würde ist, wie viel verdient denn die Wald- und Wiesenbank?«

»Ich sehe schon«, sagte Herbie Hase, »dass du so langsam verstehst, um was es geht! Wie ich dir schon gesagt habe, werde ich dir das alles an einfachen Beispielen erklären. Angenommen, du bekommst von der Wald- und Wiesenbank 2 von Hundert für dein Geld. Hast du dir schon einmal die Frage gestellt, was die Wald- und Wiesenbank mit deinem Geld macht?«

»Nein!« antwortete Werner Wildschwein.

»Zum einen vergibt die Wald- und Wiesenbank Kredite,« fuhr Herbie Hase fort, »und zum anderen investiert sie dein Geld in verschiedene Bereiche. Bleiben wird aber zunächst einmal bei den Krediten. Die Bank verleiht Geld. Und wenn du es ganz genau nimmst, dann verleiht sie dein Geld, für das du eben nur 1 oder 2 von Hundert bekommst. Fangen wir mit den Überziehungskonten an. Hast du mit der Wald- und Wiesenbank vereinbart, dass du dein Konto überziehen darfst?«

»Ja!« antwortete Werner Wildschwein. »Das machen doch alle Tiere so!«

»Nicht alle!« antwortete Herbie Hase. »Allerdings machen es die meisten Tiere tatsächlich so. Und wie viel von Hundert musst du bezahlen, wenn du dein Konto überzogen hast?«

Werner Wildschwein schaute ganz verschämt und sagte: »Das weiß ich auch nicht!«

Herbie Hase schaute das Wildschwein ganz ernst an und sagte:

»Eine weitere Katastrophe im Umgang mit Geld! Du bezahlst dafür zurzeit 12 von Hundert. Zurzeit deshalb, weil sich dieser Betrag immer wieder ändert. Es können sogar manchmal 17 von Hundert oder sogar mehr sein!«

»Das bedeutet ja«, antwortete Werner Wildschwein, »dass die Wald- und Wiesenbank mindestens 10 von Hundert verdient und das mit meinem Geld!«

»Richtig erkannt!« sagte Herbie Hase. »Und nun musst du noch wissen, was langfristig mit deinem Geld geschieht, wenn du 2 von Hundert bekommst und die Wald- und Wiesenbank mindestens 12 von Hundert mit deinem Geld verdient. Wir nehmen einfach mal an, dass du 35 Jahre dein Geld, nämlich jeden Monat 100 Waldtaler, zur Wald- und Wiesenbank bringst. Dann bekommst du nach 35 Jahren ungefähr 60.000 Waldtaler. Die Wald- und Wiesenbank erwirtschaftet in diesem Zeitraum bei 12 von Hundert allerdings ungefähr 550.000 Waldtaler, was bedeutet, dass sie mindestens 490.000 Waldtaler von deinem Geld für sich behält.«

»Das ist doch nicht fair!« rief Werner Wildschwein aufgeregt. »Fair? Ich weiß schon: Jedem geschieht es so, wie er es selbst verursacht! Aber warum ist das soviel? Es waren doch nur 100 Waldtaler jeden Monat?«

»Das liegt am Zinseszinseffekt, mein Freund!« antwortete Herbie Hase. »Den Zinseszinseffekt werde ich dir allerdings erst morgen erklären, da es jetzt schon wieder sehr spät geworden ist.«

Sie verabschiedeten sich und der Hase ging nach Hause zu seiner Familie und das Wildschwein wieder zur Nachtschicht...

Illustration von Lukas Luke Drak
www.we-feel-yellow.com

Illustration von Lukas Luke Drak
www.we-feel-yellow.com

»Der Zinseszins-Effekt«

Werner Wildschwein fuchtelt aufgeregt mit einem Blatt Papier als Herbie Hase zum Bach kam und rief dem Hasen zu: »Ich habe im Internet was gefunden, Herbie. Eine Zinseszinstabelle!«

	100 Waldtaler monatlich ergeben bei ... v.H. in ... Jahren			
15 v.H.	25.997	131.171	556.656	1.128.267
14 v.H.	24.659	116.073	454.967	884.429
13 v.H.	23.392	102.796	372.240	694.242
12 v.H.	22.193	91.121	305.201	545.903
11 v.H.	21.059	80.854	250.639	430.184
10 v.H.	19.986	71.826	206.284	339.879
9 v.H.	18.972	63.885	170.211	269.364
8 v.H.	18.012	56.900	140.855	214.257
7 v.H.	17.105	50.754	116.945	171.141
6 v.H.	16.247	45.344	97.451	137.360
5 v.H.	15.436	40.580	81.538	110.846
4 v.H.	14.670	36.384	68.527	89.992
3 v.H.	13.945	32.685	57.871	73.547
2 v.H.	13.260	29.473	49.126	60.541
1 v.H.	12.612	26.544	41.933	50.221
	10 Jahre	20 Jahre	30 Jahre	35 Jahre

»Die Zahlen, die du mir gestern gesagt hast, stimmen tatsächlich! Da sind sogar Ergebnisse mit 15 von Hundert dabei und bei 15 von Hundert kann ich mit 100 Waldtaler monatlich in 35 Jahren sogar Millionär werden!«

Herbie Hase unterbrach Werner Wildschwein und sagte: »Sehr gut, mein Freund. Ich sehe, dass du bereits gelernt hast. Du hast dich nämlich unabhängig über Geld informiert und die ersten interessanten Ergebnisse gefunden. Dramatisch finde ich die Tatsache, dass jedes Tier schon einmal vom Zinseszinseffekt gehört hat, nur dessen Auswirkung bei der Vermögensplanung wird von sehr vielen unterschätzt oder überhaupt nicht beachtet. Bereits in der

Schule wird die Zins und Zinseszinsrechnung gelehrt und umso erstaunlicher ist, dass nur wenige von den Effekten dieser Berechung bei der Lebensplanung Beachtung schenken und konsequent im Rahmen ihrer Möglichkeit für sich nutzen. Den Spruch...

»Zeit ist Geld!«

...wirst du so viel leichter verstehen. Begreifen musst du ihn aber als Lebensweisheit, denn Zeit ist wirklich Geld und du hast letztendlich nur ein bewusstes Leben!

Das Wichtigste wird für dich nun sein, dass du den Zinseszinseffekt effektiv anwendest und seinen langfristigen Nutzen für dich erkennst. Wenn du die Tabelle genauer betrachtest, dann wirst du auch sehen, dass der Unterschied bei 10 Jahren gar nicht so beträchtlich ist. Gestern habe ich dir gesagt, dass du Geduld und Zeit haben musst, wenn es um Geld geht und die wirst du tatsächlich brauchen, denn 35 Jahre sind eine sehr lange Zeit! Der Faktor Zeit ist beim Zinseszinseffekt nämlich entscheidend!«

»Das mit den 10 Jahren ist mir auch aufgefallen«, sagte Werner Wildschwein. »und jetzt verstehe ich auch noch, warum ich Geduld und Zeit haben muss!«

»Du kannst dir allerdings auch sicher sein«, unterbrach der Hase das Wildschwein, »dass die Jahre wie im Flug vergehen werden! Du wirst eines Tages so alt sein wie dein Großvater und dann wirst du dankbar dafür sein, dass du die Magie des Zinseszinseffektes rechtzeitig erkannt und verstanden hast. Sorge auch dafür, dass deine Kinder diese Magie rechtzeitig lernen und verstehen, denn je früher das der Fall ist, desto größer sind ihre Chancen zu wirklichem Reichtum und finanzieller Freiheit. Dein ältester Sohn ist heute 10 Jahre alt. Stimmt das?«

»Ja das stimmt!« antworte Werner Wildschwein.

»Wie viel Geld hat er heute bei der Wald- und Wiesenbank liegen?« fragte Herbie Hase.

»Die Frage kann ich dir ganz genau beantworten!« antwortete Werner Wildschwein. »Ich war nämlich heute nach meiner Nachtschicht direkt bei der Wald- und Wiesenbank und habe nachgesehen, wie viel Geld ich und meine Kinder dort liegen haben. Mein ältester Sohn hat genau...« er holt einen Zettel aus der Hosentasche »... 5.250 Waldtaler auf seinem Waldsparkonto und bekommt dafür eins von Hundert!«

»Ich bin überrascht, wie schnell du lernst!« antwortete Herbie Hase. »Angenommen, dein Sohn würde sein Geld die nächsten 35 Jahre bei der Wald- und Wiesenbank zu eins von Hundert liegen lassen, dann würde er etwas über 7.000 Waldtaler wieder zurückbekommen. Wenn er allerdings 10 von Hundert bekommt, dann kann er mit einer Auszahlung in Höhe von über 140.000 Waldtalern rechnen und das liegt einzig und allein am Zinseszinseffekt. Er ist jetzt allerdings erst 45 Jahre alt und wird wahrscheinlich noch nicht an seinen Ruhestand denken, sondern wird diesen möglicherweise zu seinem 65. planen. Würde er diese 140.000 Waldtaler noch einmal 20 Jahre liegen lassen, dann könnte dein Sohn, der heute 10 Jahre alt ist, mit über 940.000 Waldtalern in Rente gehen!«

»Beeindruckend!« sagte Werner Wildschwein vollkommen überrascht. »Jetzt habe ich es verstanden, je länger jemand Zeit hat den Zinseszinseffekt zu nutzen und je mehr Zinsen er bekommt, desto höher ist sein Ergebnis! Meine Tochter ist heute 4 Jahre alt. Das bedeutet, sie hat noch 6 Jahre länger, um für die Rente vorzusorgen. Wie hoch wäre ihr Ergebnis, wenn sie einmalig 5.000 Waldtaler investiert?«

Herbie Hase nahm einen kleinen elektronischen Zinsrechner, rechnete und sagte dann: »1.674.646 Waldtaler bei 10 von Hundert«

»Wow!« sagte Werner Wildschwein mit großen Augen. »In nur 6 Jahren über 700.000 Waldtaler mehr? Das bedeutet, je früher jemand anfängt intelligent zu sparen, desto höher ist das Ergebnis, das er erreicht!«

	5.000 Waldtaler einmalig ergeben bei ... v.H. in ... Jahren			
15 v.H.	20.228	81.833	331.059	665.878
14 v.H.	18.536	68.717	254.751	490.501
13 v.H.	16.973	57.615	195.579	360.343
12 v.H.	15.529	48.231	149.800	263.998
11 v.H.	14.197	40.312	114.461	192.874
10 v.H.	12.969	33:637	87:247	140:512
9 v.H.	11.837	28.022	66.338	102:070
8 v.H.	10.795	23.305	50.313	73.927
7 v.H.	9.836	19.348	38.061	53.383
6 v.H.	8.954	16.036	28.717	38.430
5 v.H.	8.144	13.266	21.610	27.580
4 v.H.	7.401	10.956	16.217	19.730
3 v.H.	6.720	9.031	12.136	14.069
2 v.H.	6.095	7.430	9.057	9.999
1 v.H.	5.523	6.101	6.739	7.083
	10 Jahre	20 Jahre	30 Jahre	35 Jahre

»Du lernst sehr schnell, mein Freund! Zu einem späteren Zeitpunkt werde ich dir allerdings auch noch etwas über das Geldsystem (ab Seite 39) erzählen und du wirst die Gefahren des Zinseszinseffektes erkennen!« sagte Herbie Hase. »Ich sollte jetzt nach Hause gehen, da ich meiner kleinen Prinzessin versprochen habe, ihr noch eine Gutenachtgeschichte zu erzählen!«

Wieder verabschiedeten sie sich. Der Hase ging nach Hause zu seiner Familie und das Wildschwein wieder zur Nachtschicht...

Illustration von Lukas Luke Drak
www.we-feel-yellow.com

Illustration von Lukas Luke Drak
www.we-feel-yellow.com

»Die Lebensversicherung«

»Wer kennt sie nicht?« sagte Herbie Hase nachdem er Werner Wildschwein an diesem sehr schönen, sonnigen Tag am Bach begrüßt hatte. »Die Besitz- und Konsumwünsche, die sich die Tiere in unserem Wald so gerne erfüllen würden? Ob Traumwohnung, schnelles Auto oder teure Ausbildung...«

»Der Weg dorthin«, unterbrach Werner Wildschein, »durch Sparen ist lang und beschwerlich.«

»Das stimmt.« fuhr der Hase fort. »Alle materiellen Wünsche aus der eigenen Tasche zu bezahlen, ist nicht einfach. Es verwundert daher nicht, dass bis zum Zeitpunkt der Finanz- und Kreditkrise immer mehr Tiere in unserem Wald versucht haben, ihre Träume über Konsumkredite zu verwirklichen. Das ist nun erst einmal vorbei. Stattdessen sollte für solche Investitionen gespart werden. Doch wer richtig sparen möchte, muss viel Disziplin aufbringen.«

»Das bedeutet aber doch«, erkannt das Wildschwein, »dass ich beispielsweise auf teure Ferien verzichten oder ganz einfach bescheidener leben muss!«

»Um sparen zu können«, erwiderte der Hase, »ist das ein Muss. Spielräume zum Sparen ergeben sich nämlich nur, wenn wir unsere eigenen Ausgaben genau kennen. Jahres- und Monatsübersichten bieten dafür eine gute Stütze. Um die Finanzen im Griff zu behalten, sollte sich jedes Tier in unserem Wald zunächst einen Überblick über die eigenen Finanzen verschaffen. Das bedeutet, dass er sämtliches Vermögen den finanziellen Verbindlichkeiten gegenüberstellt. Dabei sollten nur solche Posten als Vermögen gewertet werden, über die das Tier tatsächlich verfügt und die nötigenfalls in Bargeld umgewandelt werden könnten. Dazu zählen neben Bargeld etwa Sparguthaben, Wertpapiere oder der Rückkaufwert einer Lebensversicherung. Diese Vermögenszahlen kannst du aus den Kontoübersichten entnehmen, die Banken und Versicherungen dir am Jahresende zukommen lassen. Den Vermögenswerten werden sodann die Verbindlichkeiten gegenübergestellt. Zu den Verbindlichkeiten zählen unter anderem Bank- und Konsumkredite, aber auch Überziehungen auf Bankkonten. Die aktuellen Schuldsalden müssen von den Vermögenswerten abgezogen werden.«

»Gut.« erkannte Werner Wildschwein. »Das ist sehr einfach.«

»Um als nächstes deine Disziplin beim Sparen zu fördern«, fuhr Herbie Hase fort, »müssen deine Ausgabegewohnheiten verändert bzw. angepasst werden. Ein wichtiger Faktor dabei ist Plastikgeld. Sowohl EC- als auch Kreditkarten erleichtern den sorglosen Umgang mit Geld. Wie rasch ist eine Rechnung an der Supermarktkasse, in der Boutique, an der Tankstelle oder auch im Restaurant mit der Karte bezahlt, ohne dass dem Konsumenten das Abbuchen des Betrags vom Konto dabei richtig bewusst würde. So verlieren viele Tiere sehr leicht die Kontrolle über ihre Ausgaben.«

»Diese Situation ist mir sehr wohl bekannt!« sagte Werner mit einem tiefen Grunzen.

»Wer dagegen bar bezahlt«, Herbie tat so, als ob er das Grunzen des Schweins nicht gehört hätte, »gibt Geld weg, das er zuvor erarbeitet hat. Das Schwinden des Geldes wird dabei meist bewusst wahrgenommen. Und wer über keine »flüssigen Mittel« verfügt, kann auch nichts ausgeben - wäre da nicht die Kreditkarte, mit der er das Konsumgut gegen Kredit erwerben kann. Dafür zahlt das Tier jedoch Schuldzinsen, was seine Ausgaben noch erhöht.«

»Und wie kann ich die laufenden Ausgaben besser unter Kontrolle halten?« wollte das Wildschwein nun wissen.

»Hier hilft es dir«, antwortete Herbie Hase, »die Kontoauszüge regelmäßig zu prüfen und aufzubewahren. So kannst du immer nachvollziehen, wofür du dein Geld das Jahr hindurch ausgegeben hast. Auch wer sparen will, muss Rückstellungen für gewisse Notwendigkeiten einplanen, etwa für Reparaturen an deinem Wildschweingehege oder für die Anschaffung eines neuen Autos. Als Faustregel gilt, mindestens 5% des Haushalteinkommens dafür einzuplanen. Wer binnen nützlicher Frist gewisse Beträge ansparen will, muss sich also selbst disziplinieren. Er sollte weder Konten überziehen noch Abzahlungsverträge abschließen. Und wer gerade in einem Liquiditätsengpass steckt, sollte erst im Familien- oder Freundeskreis nachfragen, ob jemand ihm mit einem zinslosen Darlehen aushelfen kann, bevor er »teure« Schulden macht. Denn Schulden beispielsweise mit Krediten abzuzahlen, führt oft noch tiefer in die Misere.«

»Also dann bespare ich am besten eine Lebensversicherung!« sagte Werner Wildschwein voller Stolz.

»Wenn du die Lebensversicherung ansprichst«, Herbie Hase war sofort wieder in seinem Thema, »dann solltest Du wissen, dass nahezu 40 von Hundert der in unserem Wald agierenden Lebensversicherungsunternehmen den vom Aufsichtsamt für Finanzdienstleistungsaufsicht angeordneten Stresstest nicht bestanden oder die Angaben, die zur Erstellung dieses Tests notwendig sind, sogar verweigert haben.«

»Stress... was?« fragte Werner Wildschwein mit großen Augen.

»Du kannst dich ganz bestimmt an die Katastrophe des 11. Septembers des Jahres 2001 in der großen Steppe über dem großen Teich erinnern und dass auf Grund dessen viele Versicherungsgesellschaften, und auch Banken, finanzielle Engpässe hatten. Diese Gesellschaften konnten ihre Verpflichtungen gegenüber Ihren Kunden unter bestimmten Voraussetzungen nicht bzw. nicht mehr vollständig erfüllen. Die ersten Unternehmen sind damals auch Pleite gegangen. Doch darüber wurde die Tierwelt über die Medien nicht informiert, da diese von anderen Gesellschaften einfach still und heimlich übernommen wurden! Es ist nun nur noch eine Frage der Zeit, wann die nächste Gesellschaft Ihre Verpflichtungen nicht mehr erfüllen und dann auch nicht mehr von einem anderen Versicherungsunternehmen übernommen werden kann, weil mittlerweile schlicht und einfach das Geld in unserem Wald dazu nicht mehr vorhanden ist. Die Folge daraus ist, dass die mühsam angesparten Versichertengelder dann weg sind. Auf Grund dieser Situation hat das Waldesaufsichtsamt für Finanzdienstleistungsaufsicht den so genannten Stresstest angefordert, der das Szenario einer Katastrophe, wie die des 11. September 2001, nachstellt und somit feststellt, was geschehen würde, wenn uns noch einmal eine solche Katastrophe trifft. Das Ergebnis ist sehr eindeutig, denn genau diese 40 von Hundert der Versicherungsgesellschaften würden nämlich in einem solchen Falle Pleite gehen und wie schon erwähnt, sind dann die einbezahlten Kundengelder weg! Beachte mit diesem Wissen auch die aktuelle Finanzkrise in unserem Wald. Wir hören fast täglich davon, dass irgendeine Bank oder ein anderes Finanzinstitut in eine finanzielle Schieflage geraten ist.«

»Das ist ja furchtbar!« stellte das Wildschwein fest.

»Das stimmt!« Und übrigens dürfen die Versicherungsgesellschaften trotz allem ihre Kunden, also die Versicherten, weiterhin abzocken!«

»Abzocken?« wunderte sich das Wildschwein.

»Ja. Abzocken, denn bereits im Jahre 1983 hat der Bund der Versicherten - das ist ein Verein in unserem Wald, der die Machenschaften der Versicherungsunternehmen aufdeckt - in einer Klage gegen den Verband der Lebensversicherungsunternehmen unseres Waldes ein Gerichtsurteil bewirkt, wonach dieser die Kapitallebensversicherung »Legaler Betrug« nennen darf und am 26. Mai des Jahres 2005 stufte das Waldesverfassungsgericht die Geschäftspraxis der Lebensversicherungsunternehmen zu den stillen Reserven sogar als verfassungswidrig ein.«

»Aber wieso das denn?« Werner Wildschwein bekam immer größere Schweinsäuglein und war schon sehr gespannt auf die Antwort von Herbie Hase.

»Zum einen auf Grund der Kostenstruktur, denn von den eingezahlten Beiträge werden bei einem normalen Vertrag bis zu 30 von Hundert für Kosten verwandt, das heißt es werden lediglich 70 von Hundert verzinslich angelegt - der Rest ist weg!

Doch darüber werden die Tiere in unserem Wald nicht aufgeklärt. Noch viel schlimmer wird es bei zusätzlichen Einschlüssen, wie beispielsweise einem Berufsunfähigkeitsschutz. Dann wird der Sparanteil noch viel geringer! Der 2. Grund ist die nicht vorhandene Transparenz im Bedingungswerk. Das bedeutet, dass dem Kunden Kosten belastet werden, über die er weder in der Abschlussberatung noch in den Unterlagen ehrlich und deutlich aufgeklärt wird. Mehr als 80 von Hundert aller versicherten Tiere gehen davon aus, dass die Versicherungsunternehmen die Kundengelder treuhänderisch verwalten - dies ist aber nicht so! Die Versicherungsunternehmen betrachten die Lebens- und Rentenversicherungsverträge als Selbstbedienungstöpfe aus denen jederzeit Geld aufgrund undeutlicher und schwammiger Formulierungen entnommen werden kann. So ist beispielsweise per Gesetz geregelt, dass ein Versicherungsunternehmen die Höhe seiner Entgelte nach beliebigem Ermessen bestimmen kann. Der 3. Grund ist die Kapitalanlagepraxis. Kapitalanlagen wie Immobilien und Aktien werden mit Kundengeldern in den Bestand der Versicherungsunternehmen erworben, dann entsprechend der gesetzlichen Vorschriften soweit wie möglich abgeschrieben und verbleiben auf immer und ewig im Bestand des Versicherungsunternehmens. Der Versicherte würde nur dann an den Gewinnen teilhaben, wenn die Aktien irgendwann einmal verkauft und die stillen Reserven dadurch aufgelöst würden. Dies wird aber voraussichtlich niemals passieren! Mehr dazu, nämlich zu dem so genannten Buchwertprinzip und dem Niederstwertprinzip erzähle ich dir gleich.

Die Versicherungsunternehmen kontrollieren mittlerweile rund 20 von Hundert des Aktienkapitals der Unternehmen unseres Waldes und kaufen immer weiter dazu. Und wenn Aktien oder andere Vermögensgegenstände veräußert werden sollen, werden diese Vermögenswerte zunächst verfassungswidrig auf Tochter- bzw. Schwestergesellschaften übertragen, damit die Gewinne am Versicherten vorbeifließen. Davon partizipieren ausschließlich die Aktionäre und Vorstände.«

»Aber das ist doch Betrug!« sagte das Wildschwein.

»Legaler Betrug, denn diese Vorgehensweisen sind alle gesetzlich geregelt und deshalb empfehle ich jedem, seine unsinnigen Kapitallebensversicherungen sofort aufzulösen. Sei allerdings mit dem Rückkaufswert, den dir die Versicherung anbieten, nicht zufrieden. Dieser wird nämlich falsch und viel zu niedrig berechnet sein! Bei den meisten Versicherungen beträgt der Rückkaufswert erst nach der Hälfte der gesamten Laufzeit in etwa der Summe der einbezahlten Beiträge. Eine Rendite hast du also bis zu diesem Tag noch nicht erzielt.

Das musst du dir mal vorstellen: Du gehst zur Wald- und Wiesenbank, legst dein Geld auf einem Sparbuch an und nach 15 Jahren sagt der Banker: »Tut mir leid, aber ich kann Ihnen keine Zinsen auszahlen!« Da musst du dich fragen, was ist dann schlimmer: Ein Sparbuch mit sehr geringen Zinsen zwischen 1 und 2 von Hundert oder eine Kapital-Lebensversicherung, die nach 15 Jahren noch keine Zinsen erwirtschaftet hat?

Noch schlimmer ist es, wenn du eine Kapital-Lebensversicherung vor diesen 15 Jahren kündigst. In diesem Fall bekommst du nämlich immer weniger heraus, als du einbezahlt hast und wenn du die Versicherung nach 1 - 2 Jahren kündigst, bekommst du überhaupt kein Geld mehr.

In Zahlen heißt das: Du hast beispielsweise 100 Waldtaler monatlich einbezahlt, also nach 2 Jahren 2.400, und bekommst nichts mehr. Und da wundert es mich, dass immer noch über 80 von Hundert der Tiere in unserem Wald eine Kapital-Lebensversicherung abschließen. Daher ist es unsere Aufgabe, die Tiere in unserem Wald darüber aufzuklären und aus diesem Grund werde ich auch ein Buch zur Aufklärung schreiben. Ich werde allen den Rat geben, diese unsinnigen, betrügerischen Kapital-Lebensversicherungen sofort aufzulösen:

Lieber ein Ende mit Schrecken,
als ein Schrecken ohne Ende!

Und jedes Tier in unserem Wald muss wissen, dass **es ein Irrtum ist zu glauben, man könnte seine Verluste retten, in dem man die Beiträge für eine Kapital-Lebensversicherung oder private Rentenversicherung weiter bezahlt!**

Durch Einleitung der richtigen juristischen Schritte lässt sich ein weit aus höherer Betrag zurückholen, als Dir deine Lebensversicherung verspricht. Deine Lebensversicherung ist somit bares Geld wert! Hier helfen Dir unabhängige Gemeinschaften – Informationen über diese Gesellschaften bekommst du bei einem Freien Berater in Deiner Nähe (www.dach-freie-berater.de) –, deine noch ausstehenden Ansprüche gegenüber den Versicherern durchzusetzen und ein Großteil deines Geldes zurückzuholen!

Die Gesellschaften sorgen für maximale Erlöse aus deiner Lebens- und Rentenversicherung bereits bei der Kündigung und holt die dir zustehenden Beiträge für dich zurück! Das funktioniert übrigens auch für Verträge, die Du bereits vor Jahren gekündigt hast und bei denen Dir die Versicherung eben nur die jämmerlichen Rückkaufswerte ausbezahlt hat.

Für die Rentenversicherung gelten nahezu die gleichen Ausführungen wie bei den Lebensversicherungen, allerdings mit einer Ergänzung: Bei vielen Versicherern gilt die Regel: Stirbt das versicherte Tier vor Erreichen des Rentenalters erhalten die Hinterbliebenen nur die Summe der einbezahlten Beiträge zurück.«

»Und wo bleibt die Rendite. Könnte es sein, dass sich diese die Versicherungsgesellschaft unter den Nagel reißt?« fragte Werner Wildschwein vollkommen fassungslos.

»Das hast du vollkommen richtig erkannt. Deshalb lautet auch hier meine Empfehlung: Kündigung!

»Aber eine Kapital-Lebensversicherung soll doch die Altersvorsorge sichern?« stellte das Wildschwein nun fest.

»Das hoffen die meisten Tiere in unserem Wald!« erwiderte Herbie Hase. »Allerdings entspricht die durchschnittlich, abgeschlossene Versicherungssumme nur etwa dem durchschnittlichen Bruttojahreseinkommen aller Arbeitnehmer in unserem Wald und da zeigt sich folgendes Problem:

Bei einer durchschnittlichen Kapital-Lebensversicherung mit einer durchschnittlichen Rendite von etwa 6 von Hundert - und das ist schon sehr hoch angesetzt - erhält der Versicherungssparer nach 33 Jahren etwa das dreifache von dem, was er bis dahin einbezahlt hat. Sein Einkommen aber hat sich in 33 Jahren durch Inflation, allgemeine Einkommensentwicklungen, Fortbildung, Arbeitsplatzwechsel, Berufswechsel und andere Faktoren ungefähr verzwölffacht. Wer zum Beispiel vor 33 Jahren jährlich 5.000 Wiesenmark verdient hat - das war damals für junge Tiere ganz normal -, verdient heute also ungefähr 60.000 Wiesenmark, also ungefähr 30.000 Waldtaler. Das bedeutet er verdient monatlich 5.000 Wiesenmark. Wer also vor 33 Jahren eine Versicherungssumme in Höhe von 5.000 Wiesenmark vereinbarte, konnte daraus bis heute bestenfalls 15.000 Wiesenmark machen, also gerade mal 3 Monatseinkommen von heute. Von guter Altersvorsorge können wir hier also auf gar keinen Fall sprechen. Selbst bei einer jährlichen Beitragserhöhung, einer so genannte dynamische Anpassung, in Höhe von 5 von Hundert, wäre nach 33 Jahren nicht einmal ein halbes Jahreseinkommen als Endkapital herausgekommen.«

»Ok. Aber eine Kapital-Lebensversicherung bietet doch noch den Vorteil einer guten Hinterbliebenenvorsorge?« wusste das Wildschwein jetzt noch.

»Denkst du?« fuhr Herbie Hase fort. »Wer heute als junge Familie eine Kapital-Lebensversicherung in Höhe eines Bruttojahreseinkommens abschließt, der hat in der Regel bestenfalls so etwas wie eine Beerdigungs- und Telefonkostenversicherung abgeschlossen. Von einer Versicherungssumme von beispielsweise 20.000 Waldtalern würden zuerst die Beerdigungskosten in Höhe von ungefähr 8.000 Waldtalern bezahlt. Als Anlagesumme verbleiben so im besten Fall also höchstens 12.000 Waldtaler und diese würden bei der Wald-

und Wiesenbank maximal 4 von Hundert einbringen, also 480 Waldtaler pro Jahr oder 40 Waldtaler pro Monat. Das ist gerade mal soviel, dass du davon die Telefonkosten bezahlen kannst!«

»Der Hammer!« Dem Wildschwein war das Entsetzen ins Gesicht geschrieben. »Herbie, mein Freund. Kannst Du mir sagen, warum bei Kapital-Lebensversicherungen so wenig raus kommt?«

»Das kann ich.« fuhr der Hase fort. »Einer der Gründe dafür ist das für Kapital-Lebensversicherungen geltende so genannte Buchwertprinzip. Angenommen, eine Versicherung hat vor 5 Jahren Wohnimmobilien für insgesamt 10.000.000 Waldtaler erworben. In den ersten 5 Jahren kann das Versicherungsunternehmen insgesamt 60 von Hundert abschreiben, also insgesamt 6.000.000 Waldtaler. In den Büchern stehen diese Immobilien, nach Abzug der Abschreibung, also mit nur noch 4.000.000 Waldtalern. Der wahre Wert würde aber heute sehr wahrscheinlich bei ungefähr 11.000.000 Waldtalern liegen und dennoch wird den Versicherungssparern nur ein Wert von 4.000.000 Waldtalern zugerechnet.

Das bedeutet, dass die Tiere, die sich für eine Kapital-Lebensversicherung entscheiden um insgesamt 7.000.000 Waldtaler betrogen werden. Die Versicherungssparer haben also vom Wertzuwachs des Immobilienbestandes, der mit ihrem Geld gekauft wurde, nichts! Hast Du das gewusst?«

Das arme Schwein war mittlerweile kreidebleich und grunzte nur noch sprachlos vor sich hin...

»Ein weiterer Grund ist das für Kapital-Lebensversicherungen geltende so genannte Niederstwert-Prinzip. Versicherungsgesellschaften investieren die Gelder ihrer Sparer auch in Wertpapiere, also Aktien. Stell dir vor, dass eine Versicherungsgesellschaft vor 10 Jahren Aktien eines Unternehmens zum damaligen Gesamtwert von 8.000.000 Waldtaler gekauft. Nach den rätselhaften Ereignissen des 11. Septembers des Jahres 2001 waren die Börsenkurse zusammengekracht und die Aktien hatten jetzt plötzlich nur noch einen Wert von 3.000.000 Waldtalern. Die Kurse an den Börsen stiegen dann wieder, die Aktien erholten sich und haben heute sehr wahrscheinlich einen Wert von 12.000.000 Waldtalern erreicht. Angenommen, du würdest heute aus deinem Lebensversicherungsvertrag aussteigen. Wie werden dann diese Aktien für dich bewertet?«

Werner Wildschwein hatte sich in der Zwischenzeit wieder etwas gefangen und war zumindest in der Lage »12.000.000 Waldtaler« zu sagen.

»Leider nicht! Nach dem Niederstwertprinzip werden Aktien bei Kapital-Lebensversicherungen solange zum niedersten Wert bewertet, wie die Aktien nicht verkauft werden. Das heißt für den Versicherungssparer werden die Aktien mit nur 3.000.000 Waldtaler bewertet und nicht mit 12.000.000 Waldtaler. Du wirst also wieder einmal um 9.000.000 Waldtaler betrogen. Wer eine Kapital-Lebensversicherung abschließt gibt außerdem seine Zustimmung, dass sich eine Vielzahl lüsterner Fledermäuse an seinem Blut, sprich seinem Geld, bereichern.

Das sind nicht nur die Fledermäuse namens Buchwert- und Niederstwertprinzip, sondern noch andere Vampire mit den Namen Inflationsaushölung, Glaspalastkosten, Millionen Waldtaler für den Versicherungsvorstand, Spitzenpensionen, Werbekampagnen, bis zu 3 Jahresbeiträge für Abschlusskosten, jährlich bis zu 10 von Hundert Verwaltungskosten, Stückzuschläge, Summenzuschläge, Monatszuschläge, Risikozuschläge und Stornoabzüge.«

»Na dann bleibt mir ja nur noch eine private Rentenversicherung!« grunzte Werner Wildschwein vollkommen verwirrt vor sich hin.

»Die private Rentenversicherung«, erwiderte Herbie Hase, »ist die kleine Schwester der Kapital-Lebensversicherung. Der Begriff private Rentenversicherung lässt sich allerdings wunderbar leicht verkaufen. Das Prinzip ist aber genau das gleiche wie bei einer Lebensversicherung.

Es wird lediglich ein anderes Risiko abgesichert. Bei der Kapital-Lebensversicherung trägt die Versicherung das Todesfall-Risiko, während sie bei der privaten Rentenversicherung das Risiko trägt, das der Versicherungssparer alt wird wie Methusalem. Deswegen heißt dieses Risiko in der Versicherungssprache auch Methusalem-Risiko und da die durchschnittliche Lebenserwartung in unserem Wald alle 10 Jahre um etwa 2,5 Jahre steigt, ist dieses Risiko also vorhersehbar immer schlechter für die Versicherer, was bedeutet, dass für die Rentenversicherungssparer immer weniger Gewinn übrig bleibt. Der Assekuranzdienst MAP-Report hat aus diesem Grund Versicherungsvertretern empfohlen, bei Abschluss privater Rentenversicherungen von den Versicherungssparern folgende Erklärung unterzeichnen zu lassen:

»Ich habe den privaten Rentenversicherungsvertrag vom ... auf eigenen Wunsch und gegen den Rat meines Vermittlers abgeschlossen. Mir ist klar, dass bei diesem Vertrag keine Überschussbeteiligung und im Extremfall nicht einmal die Zahlung der Garantierente erwartet werden kann.«

»Nun hast du es geschafft, mich endgültig zu verwirren!« sagte Werner Wildschwein.

»Ich bin allerdings noch nicht am Ende meiner Ausführungen zur Lebensversicherung.« fuhr Herbie fort. »Ich möchte Dich noch auf § 314 VAG (Zahlungsverbot; Herabsetzung von Leistungen) hinweisen und Dir hierzu einfach mal den Gesetzestext vorlesen:

(1) Ergibt sich bei der Prüfung der Geschäftsführung und der Vermögenslage eines Unternehmens, dass dieses für die Dauer nicht mehr imstande ist, seine Verpflichtungen zu erfüllen, die Vermeidung des Insolvenzverfahrens aber zum Besten der Versicherten geboten erscheint, so kann die Aufsichtsbehörde das hierzu Erforderliche anordnen, auch die Vertreter des Unternehmens auffordern, binnen bestimmter Frist eine Änderung der Geschäftsgrundlagen oder sonst die Beseitigung der Mängel herbeizuführen. ***Alle Arten Zahlungen, besonders Versicherungsleistungen, Gewinnverteilungen und bei Lebensversicherungen der Rückkauf oder die Beleihung des Versicherungsscheins sowie Vorauszahlungen darauf, können zeitweilig verboten werden.*** *Die*

Vorschriften der Insolvenzordnung zum Schutz von Zahlungs- sowie Wertpapierliefer- und -abrechnungssystemen sowie von dinglichen Sicherheiten der Zentralbanken und von Finanzsicherheiten finden entsprechend Anwendung.

(2) Unter der Voraussetzung in Absatz 1 Satz 1 kann die Aufsichtsbehörde, ***wenn nötig, die Verpflichtungen eines Lebensversicherungsunternehmens aus seinen Versicherungen dem Vermögensstand entsprechend herabsetzen.*** *Dabei kann die Aufsichtsbehörde ungleichmäßig verfahren, wenn es besondere Umstände rechtfertigen, namentlich wenn bei mehreren Gruppen von Versicherungen die Notlage des Unternehmens mehr in einer als in einer anderen begründet ist. Bei der Herabsetzung werden, soweit Deckungsrückstellungen der einzelnen Versicherungsverträge bestehen, zunächst die Deckungsrückstellungen herabgesetzt und danach die Versicherungssummen neu festgestellt, sonst diese unmittelbar herabgesetzt. Die Pflicht der Versicherungsnehmer, die Versicherungsentgelte in der bisherigen Höhe weiterzuzahlen, wird durch die Herabsetzung nicht berührt.*

(3) Die Maßnahmen nach den Absätzen 1 und 2 können auf eine selbständige Abteilung des Sicherungsvermögens (§ 66 Abs. 7) beschränkt werden.

»Das heißt, dass eine Versicherung die Auszahlung meines Guthabens verweigern kann« stellte Werner Wildschwein fest »und dass die Versicherung mich dennoch zwingen kann, meine Beiträge weiter zu bezahlen?«

»Vollkommen richtig!« erwiderte Herbie.

Das war dann tatsächlich zu viel für das Wildschwein und deshalb verabschiedeten sie sich. Der Hase ging nach Hause zu seiner Familie und das Wildschwein wieder zur Nachtschicht...

Illustration von Lukas Luke Drak
www.we-feel-yellow.com

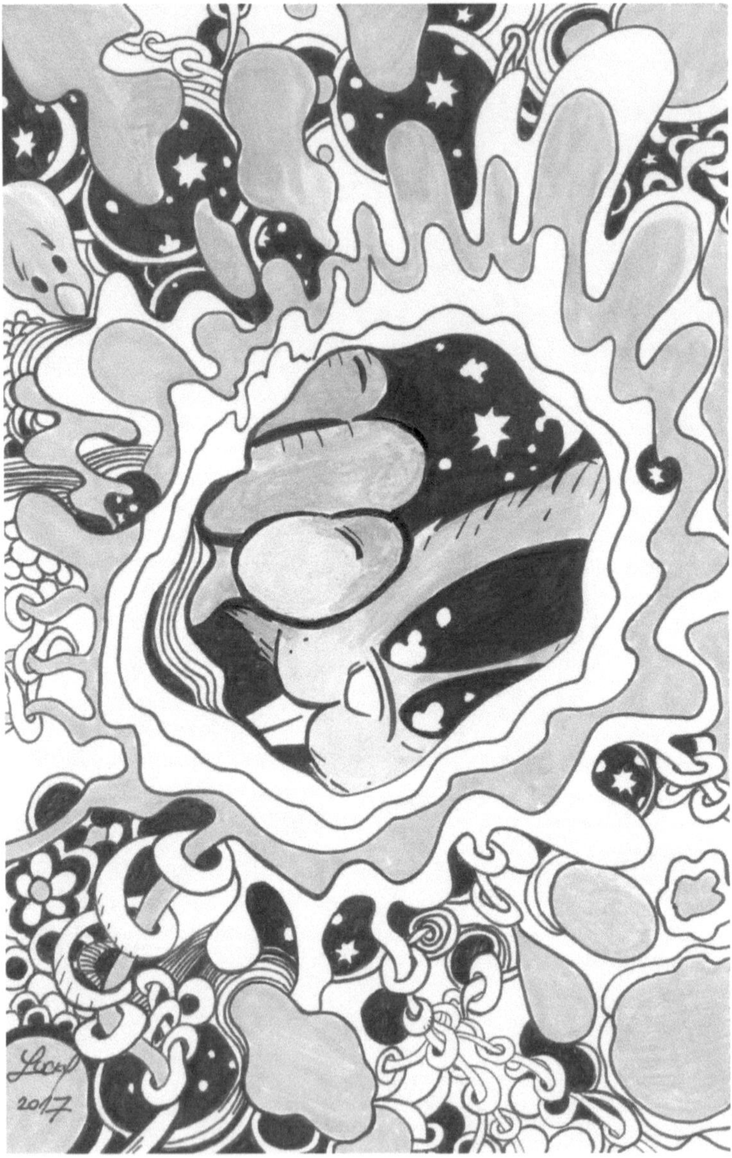

Illustration von Lukas Luke Drak
www.we-feel-yellow.com

»Riester & Rürup«

Als Herbie Hase am nächsten Tag an den Bach kam, saß Werner Wildschwein bereits auf dem Baumstamm und warf immer wieder kleine Kieselsteine in das Wasser. »Ich sehe schon«, sagte Herbie, »dass dich unsere Gespräche immer nachdenklicher machen. Ich kann dir allerdings versprechen, dass die ganze Wahrheit noch viel dramatischer ist. Kannst du sie ertragen?«

»Ich habe ein breites Kreuz«, antwortete Werner, »und werde auch die Wahrheit schultern können.«

»Gut.« fuhr der Hase fort. »Die Finanzbranche hat mittlerweile gemerkt, dass immer mehr Tiere in unserem Wald der Kapital-Lebensversicherung nicht mehr vertrauen und deshalb hat unser Tierrat neue Produkte zur privaten Altersvorsorge eingeführt: Die Riester- und Rürup Rente! Beginnen möchte ich mit der Riester-Rente. Hier wird dir erzählt, dass du bei diesem Produkt einen sehr hohen staatlichen Zuschuss bekommst. Damit du die Zulagen in Zukunft erhältst, musst du bei deiner Lohn- oder Einkommenssteuererklärung ein zusätzliches Formular ausfüllen. Wenn du das tust und wenn dir dann die Zulagen von deinem »Finanzamt« zugesprochen werden, dann wird dir gleichzeitig von deiner zu erwartenden Steuerrückerstattung, diese Zulagen wieder abgezogen. Das Gesetz nennt das einen »Vorschuss auf zu erwartende Steuerrückerstattung«. Das bedeutet, du bekommst genauso viel wie vorher oder anders gesagt, du bekommst die Zulagen zur Riester-Rente nicht vom »Staat«, sondern du bezahlst diese selbst. Mein Steuerberater drückt es folgendermaßen aus:

»Im Rahmen der Steuererklärung wird unter einer Höchstbetragsberechnung geprüft, ob der Sonderausgabenabzug günstiger ist als die Zulage. Sollte der Sonderausgabenabzug der Beiträge zur Altersversorgung, zu einer höheren Steuererstattung führen als die Zulage, wird einerseits der Sonderausgabenabzug gewährt und die Zulage damit verrechnet.«

»I...ich k...kann ni...nicht m...mehr...« stotterte das Wildschwein.

»Das sehe ich.« stellte der Hase fest. »Allerdings gibt es auch noch etwas über die Rürup-Rente zu berichten, was dich nicht unbedingt wieder aufbauen wird. Es ist noch gar nicht so lange her, als die Zeitschrift »Öko-Test« die Rürup-Rente unter Renditegesichtspunkten niedergemacht hat. Mittlerweile wurde allerdings auch aufgedeckt, dass der letzte, noch verbliebene Vorzug dieser Rente auch nicht stimmt:

Der Insolvenzschutz.«

»Das war das wesentliche Argument für mich«, sagte das Wildschwein, »warum ich mich als Selbstständiger dafür entschieden habe.«

»Das ist auch das einzige Verkaufsargument«, erwiderte der Hase, »das die Finanzbranche gegenüber Selbständigen und Freiberuflern für die Rürup- oder Basis-Rente – wie die Lebensversicherer diese der gesetzlichen Rente nachempfundene Privatrente nennen –, noch hat: Die Sicherheit vor Pfändung bei Insolvenz. »Das ist eines der zentralen Produktmerkmale der Basis-Rente«, betont fast die gesamte Finanzbranche in ihren Werbeunterlagen. Einen solchen Insolvenzschutz halten, wie du mein Freund, auch 96 von Hundert der befragten Selbstständigen und Leitenden Angestellten bei der Altersvorsorge für wichtig. Aber gerade dieser Schutz, den die Branche als Charakteristikum der Rürup-Rente darstellt, ist ein Trugschluss.«

»Ein Trugschluss?« Das arme Schwein traf diese Aussage wie ein Hammer mitten auf den Kopf und der Angstschweiß schoss wie ein Gebirgsbach von seiner Stirn.

»Ja. ein Trugschluss.« wiederholte der Hase. »So hat das Waldesgericht Braunschweig am 8. Oktober 1997 entschieden, dass Freiberufler, nicht berufstätige Personen und Gewerbetreibende bei Versicherungsrenten zum Lebensunterhalt im Alter gesetzlich keinen Pfändungsschutz genießen. Zu dieser Zeit gab es zwar die Rürup-Rente noch nicht, doch das Urteil des Waldesgerichtshofs (WGH) vom 15. November 2007 (AZ: IX ZB 99/05) fiel nicht anders aus.

Demnach genießen private Versicherungsrenten der Freiberufler, Gewerbetreibenden und Selbstständigen grundsätzlich keinen Insolvenzschutz, denn diese Renten sind keine Arbeitseinkommen im Sinne der Pfändungsschutz-Vorschriften der §§ 850 ff. ZPO (Zivilprozessordnung).« Dem armen Schwein hatte es wieder einmal die Sprache verschlagen, während Herbie Hase einfach fortfuhr: »Die Rürup-Rente ist, wie die gesetzliche Rente, nicht vererblich, übertragbar, nicht kapitalisierbar, nicht beleihbar und darf dem Alterseinkünfte-Gesetz zufolge auch nicht verpfändet werden.

»Der Vertrag darf keine Übertragung der Ansprüche des Leistungsempfängers auf eine andere Person vorsehen«, schrieb unser Tierrat der Finanzen (TDF) in einem Rundschreiben an die Versicherungsunternehmen Anfang des Jahres 2008. »Die Pfändbarkeit nach den Vorschriften der ZPO steht dem nicht entgegen«, heißt es gleich danach einschränkend. Schließlich darf auch die gesetzliche Rente gepfändet werden, sobald sie gezahlt wird. Auch die Übertragbarkeit zur Regelung von Scheidungsfolgen wertet das TDF bei der Rürup-Rente als unschädlich. Natürlich muss dem Sozialrentner noch etwas Geld zum Leben übrig bleiben, das so genannte Existenzminimum. So hat der Gesetzgeber 2007 eine pfändungsfreie Privatrente durch § 851c ZPO eingeführt, die das Kapitalwahlrecht ausschließen muss. Nach diesen Vorgaben dürfen gesetzlich festgelegte Höchstbeträge pfändungsfrei für eine private Altersvorsorge zurückgelegt werden. Mehr als 238.000 Waldtaler dürfen aber derzeit nicht zusammenkommen. Die genehmigten Beträge hängen vom Alter des Vorsorgesparers ab. Es sind:

18. bis 29. Lebensjahr: 2.000 Waldtaler
30. bis 39. Lebensjahr: 4.000 Waldtaler
40. bis 47. Lebensjahr: 4.500 Waldtaler
48. bis 53. Lebensjahr: 6.000 Waldtaler
54. bis 59. Lebensjahr: 8.000 Waldtaler
60. bis 65. Lebensjahr: 9.000 Waldtaler

Sobald die Rente gezahlt wird, hat der Insolvenzverwalter aber Zugriff darauf. Das gilt für jede Rente. Allenfalls durch Verzicht auf die vorzeitige Kündigung nach § 165 VVG alter Fassung kann eine private Rente als Hartz IV-Schonvermögen auch der Kündigung durch einen Pfandgläubiger oder Insolvenzverwalter entzogen werden. Dabei handelt es sich um einen Rückkaufswert von 250 Waldtalern pro Lebensjahr, maximal etwa 16.000 Waldtaler und das entspricht einer Monatsrente von rund 100 Waldtalern.

Bei Rürup-Renten geht der Gesetzgeber dagegen wohl davon aus, dass vertraglich bis zum Rentenbeginn kein Rückkaufswert ausgezahlt werden darf. Das ist jedoch auch ein Trugschluss, denn das gesetzliche Kündigungsrecht nach BGB kann nicht vollständig ausgeschlossen werden. Selbst die betriebliche Altersversorgung (bAV) ist bei weitem nicht so sicher, wie sie verkauft wird. Das übliche Verpfändungsmodell jedenfalls schützt nicht davor, dass der Lebensversicherer den Rückkaufswert an die Insolvenzmasse zur Schuldentilgung auszahlen muss. Das WGH-Urteil vom 7. April 2005 (AZ: IX ZR 138/04) erlaubt grundsätzlich die Einziehung von Rückdeckungs-Versicherungen durch den Insolvenzverwalter.

Zusammengefasst und auf eine einfache und verständliche Sprache reduziert heißt das alles: **»Nur die Sozialhilfe und ein Platz unter der Brücke sind sicher!«** Das gleiche gilt übrigens auch für die Riester-Rente. Mach dir einfach Gedanken über das, was du heute gehört hast. Es ist auch bereits wieder sehr spät geworden.« sagte der Hase, während er sich vom Wildschwein verabschiedete.

Herbie Hase machte sich auf den Weg nach Hause zu seiner Familie und Werner Wildschwein hatte an diesem Tag wieder einmal Nachtschicht...

Illustration von Lukas Luke Drak
www.we-feel-yellow.com

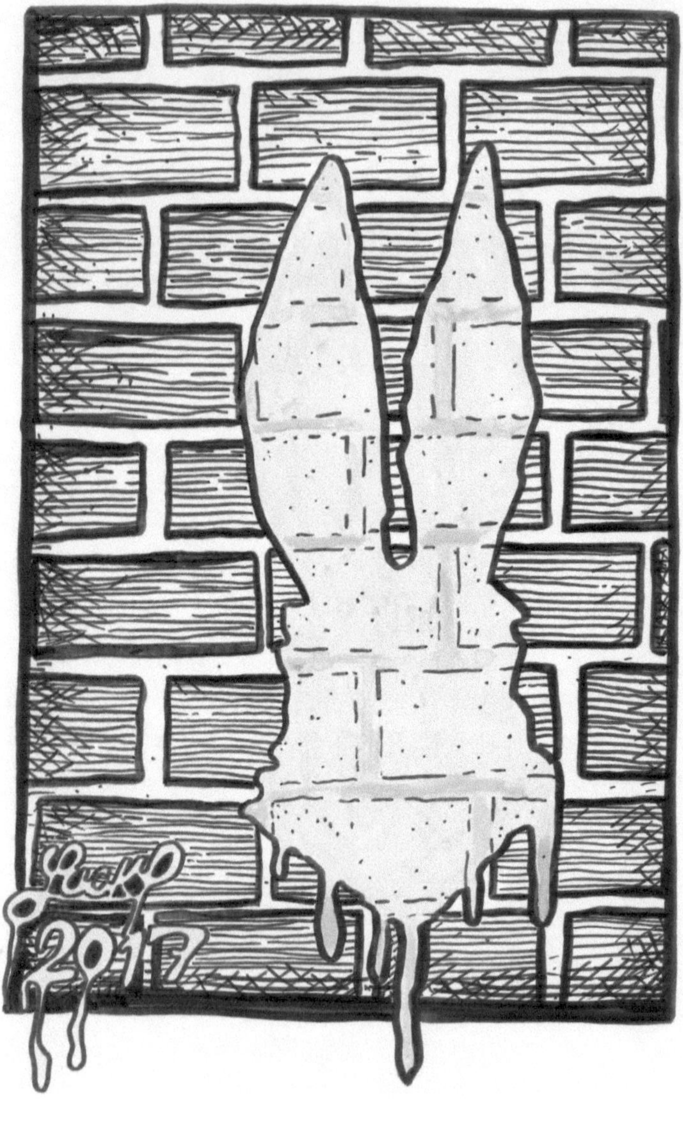

Illustration von Lukas Luke Drak
www.we-feel-yellow.com

»Bank- und Bausparen«

»Heute werde ich dir eine Geschichte«, sagte Herbie Hase nachdem er Werner Wildschwein begrüßt hatte, »vom Vorsichtigen Eichhörnchen und vom Großzügigen Bären erzählen. Das Vorsichtige Eichhörnchen hatte auf seinem Konto bei der Wald- und Wiesenbank jeden Monat 10 Waldtaler Überschuss, also ein Plus, und der Großzügige Bär hatte auf seinem Konto jeden Monate um 10 Waldtaler überzogen, also ein Minus. Beide steigerten das Jahr für Jahr um 6 von Hundert. So ging das für beide unbemerkt vom 18. bis zum 65. Geburtstag. Das Eichhörnchen hatte am Ende 29.000 Waldtaler gespart und der Bär hatte am Ende 29.000 Waldtaler überzogen. Das Eichhörnchen hatte mit der Wald- und Wiesenbank vereinbart, dass der Überschuss mit 5,5 von Hundert angelegt wird und dem Bären wurden dagegen 15,5 von Hundert als Strafzins belastet. So musste der Bär der Wald- und Wiesenbank, mit Zins- und Zinseszins, 1.175.000 Waldtaler zurückzahlen.

Die Wald- und Wiesenbank zahlte dagegen an das Eichhörnchen nur 75.000 Waldtaler, denn wer sich mit nur 5,5 von Hundert zufrieden gibt, hat nur sehr wenig vom Zinses-Zinseffekt. Der Wald- und Wiesenbank blieb also ein Gewinn von 1.100.000 Waldtalern.«

»Aber das ist doch nicht gerecht!« stellte Werner Wildschwein fest.

»Eigentlich nicht.« sagte Herbie Hase. »Allerdings geschieht es jedem so, wie er es letzten Endes selber verursacht hat.«

»Das stimmt!« stellte Werner Wildschwein fest. »Jeder ist für das verantwortlich was er tut und auch für das, was er nicht tut!«

»Ich möchte dir noch ein entgegengesetztes Beispiel geben.« fuhr der Hase fort. »Nehmen wir an, der reiche Fuchs hat 1.000.000 Waldtaler bei der Wald- und Wiesenbank investiert und der Guthabenzins beträgt 6 von Hundert pro Jahr, was überdurchschnittlich viel ist. Das bedeutet, dass 60.000 Waldtaler nach einem Jahr hinzukommen und somit erhöht sich der Kontostand für den Fuchs nach einem Jahr auf 1.060.000 Waldtaler - fürs Nichts tun!«

»Das finde ich klasse!« Werner Wildschwein hatte glänzende Schweinsäuglein, als er das sagte, und die Waldtalerzeichen waren ganz deutlich zu sehen.

»Das habe ich mir fast gedacht!« erwiderte der Hase. »Allerdings werden diese 60.000 Waldtaler von den Mäusen des Finanzamtes unseres Waldes angefressen. Einkommenssteuer, Solidaritätszuschlag, sowie andere Abgaben und Steuern summieren sich bei dem Fuchs - trotz Zinsfreibetrag - auf ungefähr 30.000 Waldtaler und somit bleibt nur noch ein Nettoguthaben von 1.030.000 Waldtalern übrig.

Aber jetzt kommen noch die Ratten der Inflation, also des Kaufkraftschwundes, hinzu. Die Inflationsrate in unserem Wald betrug in den letzten 30 Jahren tatsächlich ungefähr 4 von Hundert pro Jahr und so muss der Fuchs weitere 42.000 Waldtaler von seinem Guthaben abziehen. So verbleiben von 1.060.000 Waldtalern nur noch 988.000 Waldtaler. Der Fuchs hat also nicht 60.000 Waldtaler Gewinn, sondern 12.000 Waldtaler Verlust gemacht. Kannst du dir Millionäre mit Köpfchen vorstellen, die ein Vermögen aufgebaut haben und dann 1.000.000 Waldtaler auf diese Art und Weise wieder vernichten?«

»Nein!« Der Glanz in den Schweinsäuglein des Wildschweins war verschwunden. »Millionäre legen ihr Geld ganz bestimmt nicht auf diese Art und Weise an.«

»Ich fasse es also noch einmal für dich zusammen.« sagte Herbie Hase. »Bankanlagen, die nur 6 von Hundert pro Jahr oder weniger an Zinsen erwirtschaften, sind hoch inflations- und finanzamtgefährdet und **wer das verschweigt, der gaukelt den Tieren in unserem Wald nur etwas vor!«**

»Und was ist mit Bausparverträgen.« fragte Werner Wildschwein. »Der Vertreter der Waldbauspar-AG hat mir erzählt, dass

Bausparen Jahr für Jahr, im Rahmen der gesetzlichen Einkommensgrenzen, durch eine steuerfreie, staatliche Sparprämie in Höhe von 9 von Hundert gefördert wird.!«

»Das klingt auf den ersten Blick tatsächlich sehr interessant.« sagte Herbie Hase. »Vergleichen wir also einfach mal einen Bausparvertrag mit 4 von Hundert Sparzins - auch das ist überdurchschnittlich viel - zuzüglich 9 von Hundert an staatlicher Sparprämie, mit einem normalen Sparvertrag mit 6 von Hundert Zinsen. Wir gehen von einem Bausparvertrag eines Alleinstehenden aus, der Jahr für Jahr 1.000 Waldtaler spart. Die Bausparsumme beträgt 30.000 Waldtaler und die im Voraus bezahlte Abschlussgebühr 1,6 von Hundert von der Bausparsumme, also 480 Waldtaler. Hinzukommen die laufenden Kontoführungsgebühren, die Kosten für die Bausparwerbezeitschrift, die Prämienantragsgebühren und die persönlichen Kosten für das Stellen der jährlichen Prämienanträge. Das ergibt in 7 Jahren weitere etwa 220 Waldtaler. Die Gesamtkosten für den Bausparvertrag betragen also 700 Waldtaler. Hätte er diesen Betrag bei der Wald- und Wiesenbank für die 7 Jahre zu 6 von Hundert pro Jahr angelegt, so würde er in dieser Zeit Zinsen in Höhe von über 300 Waldtalern bekommen. Auf diese 300 Waldtaler muss der Bausparer verzichten und investiert also insgesamt Kosten von 1.000 Waldtalern. Als Belohnung dafür bekommt er im 8. Jahr 700 Waldtaler staatliche Sparprämie und so macht der Bausparer also einen Verlust von 300 Waldtalern.«

»Aber Bausparen«, erwiderte Werner Wildschwein, »ist doch besonders interessant durch das günstige Bauspardarlehen!«

»Ich zeige dir«, antwortete Herbie Hase, »wie sich ein Bauspardarlehen tatsächlich rechnet. Danach darfst du selbst entscheiden, ob es interessant ist oder nicht! Ich gehe von einer Bausparsumme in Höhe von 50.000 Waldtalern aus und dass der Bausparvertrag mit mindestens 50 von Hundert der Bausparsumme - das ist in den meisten Fällen üblich - angespart werden muss, damit du Anspruch auf ein Darlehen hast. Ich gehe von einem Bausparvertrag mit 1,6 von Hundert Abschlussgebühr aus und von Guthabenszinsen in Höhe von 2,5 von Hundert, abzüglich der laufenden Gebühren, aus. Der Darlehenszins beträgt 4,5 von Hundert pro Jahr und wir stellen uns einen Sparer vor, der überdurchschnittlich viel einbezahlt, nämlich 5 Waldtaler je 1.000 Waldtaler Bausparsumme. Das ergibt eine monatliche Sparrate von 250 Waldtalern. Nach ungefähr 8 Jahren hat er dann 50 von Hundert der Bausparsumme erreicht. Wir vergleichen diesen Bausparvertrag nun mit einem normalen Sparplan, der eine Verzinsung in Höhe von 6 von Hundert bringt. Bei 6 von Hundert Verzinsung wäre das Endguthaben 30.600 Waldtaler. Im gleichen Zeitraum hat der Bausparer nur 26.500 Waldtaler, also einen Ansparverlust im Vergleich zu dem normalen Sparvertrag in Höhe von 4.100 Waldtalern. Diese 4.100 Waldtaler sind der Preis dafür, dass du im Anschluss ein »zinsgünstiges Darlehen« mit nur 4,5 von Hundert verzinstes Darlehen haben kannst. Sie sind also wie eine zusätzliche Darlehensgebühr. Es ist allerdings noch viel schlimmer, denn wären die Sparraten auf einen mit 6 von Hundert verzinsten Sparplan geflossen, dann wären noch etwa 1.400 Waldtaler mehr dabei herausgekommen. Der gesamte Ansparverlust beträgt somit ungefähr 5.500 Waldtaler und wer sich gar mit Bausparzinsen von 2 oder 1,5 von Hundert zufrieden gibt, ist noch viel ärmer dran! Wenn du diesen Verlust in eine tatsächliche, effektive Verzinsung umrechnest, dann beträgt der Bauspardarlehenszins über 12 von Hundert und der intelligente Sparer dagegen bekommt von seiner Bank beispielsweise ein Darlehen zu 6,5 von Hundert. Jede Bank, die also günstiger ist als 12 von Hundert, ist besser als jede Bausparkasse mit dem eben vorgestellten Bauspartarif und bei einer Ansparverzinsung in Höhe von 8 von Hundert, würde sich der effektive Bauspardarlehenszins auf ungefähr 20 von Hundert katapultieren. Hast du schon mal einen Bausparvertreter kennen gelernt, der dir Bausparen so offen und ehrlich erklärt hat?«

»Selbstverständlich nicht!« stellte Werner Wildschwein fassungslos fest. »Ich bin schockiert und gleichzeitig vollkommen sprachlos...«

»Es gibt allerdings noch eine Neuigkeit«, fuhr Herbie Hase fort, »vom Bausparen. Von vielen Tieren unbemerkt, haben die Bausparkassen in Deutschland zum Jahresanfang 2009 ein Verkaufsargument verloren: Im Wesentlichen geht es dabei um die Frage, ob der Bausparvertrag auch wohnungswirtschaftlich genutzt wird oder nicht, was in einer Vielzahl nicht der Fall ist. Grundsätzlich gilt für Verträge, die vor dem 1. Januar 2009 abgeschlossen wurden, dass nur bei Auszahlung des Bausparguthabens vor Ablauf der Sperrfrist von sieben Jahren die staatliche Förderung aus dem Vermögensbildung- und dem Wohnungsbauprämien-Gesetz (WoPG) verfällt. Der Nachweis einer wohnungswirtschaftlichen Verwendung ist nicht nötig.

Anders so für Verträge, die ab dem 1.1.2009 abgeschlossen werden: Zwar gilt weiterhin die Sperrfrist von sieben Jahren, allerdings muss nun zusätzlich zum Erhalt der Wohnungsbauprämie auch noch nachgewiesen werden, dass das Bauspardarlehen zum Erwerb oder zur Modernisierung einer Immobilie Verwendung findet.«

»Also kann ich mir mit dem Geld«, stellte das Wildschein fest, »kein Auto mehr kaufen?«

»Doch schon.« antwortete der Hase. »Du bekommst dann allerdings keine staatlichen Förderungen. Ich sehe hier außerdem ein erhebliches Haftungspotential für Vermittler, denn gerade die Verträge, die im Rahmen der Vermögenswirksamen Leistungen abgeschlossen werden, sind von der Abschlusshöhe meist nicht geeignet, wohnwirtschaftliches Eigentum zu erwerben und werden erfahrungsgemäß auch nicht dafür verwendet.«

»Eben!« sagte Werner. »Ich habe mir ja auch immer ein Auto von dem Geld gekauft!

»Wie viele andere Tieren auch.« ergänzte Herbie. »Und damit entfällt die Wohnungsbauprämie, die einen wichtigen Teil der Rendite des Bausparvertrages ausmacht. Den einzigen Ausweg bieten Genossenschaftsanteile, die weiterhin staatlich gefördert werden. Hier gibt es keine Sperrfristen nach dem WoPG, weil mit dem Beitritt zur Genossenschaft bereits die Erwerbsnotwendigkeit - wohnwirtschaftliche Verwendung - nachgewiesen wurde.«

»Aber durch diese Gesetzesänderung«, stellte das Wildschwein fest, »wird der Bausparvertrag in Zukunft immer uninteressanter und möglicherweise können wir ihn in den nächsten Jahren sogar zu Grabe tragen…«

»Mein Beileid.« erwiderte Herbie Hase. »Lass uns für heute Schluss machen.« Sie verabschiedeten sich, der Hase ging nach Hause zu seiner Familie und das Wildschwein wieder einmal zu seiner Nachtschicht...

Illustration von Lukas Luke Drak
www.we-feel-yellow.com

»Die Geschichte vom großen Geier – Teil 1«

»Ich bin von dem, was du mir über Bank- und Bausparen erzählt hast immer noch etwas verwirrt. Allerdings spüre ich eine Wut tief in mir, die ich raus lassen möchte. Der ganze Wald, nein die ganze Welt, muss über die Machenschaften der Banken, Versicherungen und Bausparkassen informiert werden. Diese Abzockerei muss endlich ein Ende haben!« sagte Werner Wildschwein als er sich wieder mit dem Hasen am Bach traf.

»Ich glaube, mein Freund«, erwiderte Herbie Hase, »dass du jetzt so weit bist die ganze Wahrheit zu erfahren. Ich werde dir deshalb heute eine Geschichte erzählen, die sich genau so vor einigen Jahren zugetragen hat und die der Grund dafür ist, dass es heute so ist, wie es ist!«

»Ich bin schon sehr gespannt!« sagte das Wildschwein, mit seinen immer größer werdenden Schweinsäuglein, erwartungsvoll.

»Vor der Zeit des Geldes war das Tauschen von Waren die normale Art des Handels«, fing Herbie Hase an die Geschichte zu erzählen, »und manche Tiere hatten sich auf bestimmte Arten von Waren spezialisiert, um mit einem eventuellen Überschuss ihre Waren mit den Waren eines anderen Handelstieres zu tauschen. Den Tieren gefiel dieses Treiben auf den Märkten, weil es auch gleichzeitig ein Treffpunkt mit anderen Tieren war, um sich auszutauschen und zu erzählen, was in letzter Zeit so passiert war. Doch je größer der Umtrieb auf diesen Märkten war, desto mehr nahmen die Unstimmigkeiten und Streitigkeiten über den Wert einer bestimmten Ware zu und so war allen klar, dass ein neues System nötig wurde.

Im Wald, auf den Steppen, in den Bergen und auf den Wiesen gab es einen Tierrat, der dafür sorgte, dass den Tieren Selbstverwaltung und Freiheit gewährleistet wurde. Kein Tier konnte zu etwas gezwungen werden, was gegen den persönlichen Willen war. Das zu garantieren war die Pflicht des jeweiligen Tierrates, der in demokratischen Wahlen gewählt wurde. Auch ein Vorsitzender des Tierrates wurde gewählt, welcher den Tierrat in der Öffentlichkeit vertrat. Dennoch war der Vorsitzende manchen Situationen nicht gewachsen, besonders wenn es darum ging, bei Uneinigkeiten auf dem Marktplatz festzulegen, ob beispielsweise ein Messer mit einem oder zwei Körben Mais zu bezahlen sei oder ob ein Sack Korn mehr Wert beizumessen wäre, als einem Leiterwagen.

Der große Geier - er lebte in einer Steppe über dem großen Teich - hatte nun angekündigt, dass er die Lösung für diese Probleme hätte und diese Lösung in einer öffentlichen Tierversammlung vorstellen würde. Tags darauf erläuterte der Geier vor einer großen Tiermenge sein neues System, das er »Geld« nannte.

Die vorgetragene Geschichte klang logisch und die Tiere wollten in ihrer Neugierde wissen, wie sie dieses System schnellst möglich umsetzen konnten.

»Das Gold, aus dem wir Schmuck machen, ist ein erstklassiges und wertvolles Metall, das nicht rostet und nicht kaputt geht. Also werde ich aus Gold Münzen herstellen und sie Goldtaler nennen«, sagte er. »Des Weiteren hat ein Taler einen bestimmten Wert und »Geld« als Mittel zum Tausch, ist wesentlich praktischer als der Austausch von Waren.«

Ein Vorsitzender eines Tierrates brachte zur Rede, dass es nicht allzu schwierig sei, Gold selbst zu schürfen und damit Taler herzustellen. »Das wäre kriminell und muss auf jeden Fall unterbunden werden«, entgegnete der Geier, »nur die vom Tierrat zugelassenen Münzen sind erlaubt und zur Sicherheit werden sie mit einem Siegel versehen.«

»Ich schlage Euch vor, jedem einzelnen so viele Taler zu leihen wie er will, unter der Voraussetzung, dass diese zurückgezahlt werden können. Da ich das Geld zur Verfügung stelle, habe ich das Recht auf eine Vergütung und für 100 Taler bekomme ich 105 am Ende des Jahres zurück. Diese 5 Taler nenne ich »Zins« und sind mein Verdienst.« Dies schien vernünftig und 5 von Hundert hörten sich geringfügig an!

Der Geier verlor keine Zeit und verbrachte die nächsten Tage und Nächte mit dem Herstellen von Münzen. In der folgenden Woche standen die Tiere vor seinem Geschäft Schlange und liehen die ersten Taler. Anfangs nur ein paar wenige, um das ungewohnte System auszuprobieren. Das neue Konzept »Geld« funktionierte erstklassig und der Wert der Waren wurde »Preis« genannt. Dieser wurde auf Grund des Aufwandes und der Zeit festgelegt, die in Form von Arbeit geleistet wurde.

Auf einer der Wiesen des Landes lebte der Ochse - der einzige Hersteller von Pflügen in dieser Gegend - und die Kundschaft war bereit, einen recht hohen Preis für seine Pflüge zu bezahlen. Dann öffnete ein neuer Pflugmacher einen Laden und der Ochse war gezwungen, seine Preise zu senken, um nicht alle seine Kunden an die billigere Konkurrenz zu verlieren. Dies war freier Wettbewerb im ursprünglichen Sinne und entwickelte sich in allen denkbaren Branchen. Hindernisse im Sinne von Tarifen gab es nicht, genauso wenig wie Schutz vor Bankrott. Im Zweifelsfall gingen die Betroffenen zum großen Geier und ließen sich beraten.

Der Lebensstandard stieg und schließlich wunderte sich jedes Tier im Wald, wie ein Leben vor dem »Geld« überhaupt möglich war.

Am Ende des Jahres besuchte der Geier die Tiere, die Geld von ihm geliehen hatten. Manche besaßen mehr, als sie aufgenommen hatten, was zugleich bedeutete, dass andere weniger haben mussten, da ja nur eine bestimmte Summe im Umlauf war.

Diejenigen, die mehr in Besitz hatten, zahlten die hundert Taler plus 5 Taler Zins zurück, mussten aber oftmals neues Geld leihen, um weiter im Geschäft zu bleiben. Die anderen jedoch merkten zum ersten Mal, dass sie Schulden hatten. Der Geier nahm daraufhin - er war ja schließlich hilfsbereit - so genannte »Hypotheken« über Teile ihrer Besitztümer auf und er gab ihnen neues Geld, welches die Tiere dann ausgeben konnten.

Jedes der Tiere suchte nach den fehlenden fünf Talern und keinem der Tiere wurde klar, dass das ganze Land niemals wieder unverschuldet sein konnte, bis alle Taler zurückgezahlt waren und selbst in diesem Fall fehlten pro geliehenen 100 Talern die 5 Taler von Hundert, die es nur in einer Illusion gab.

Nur der Geier wusste, dass diese Summe niemals existierte und folglich die Rechnung nicht für jeden aufgehen konnte. Sicherlich hatte er den einen oder anderen Taler für seine eigenen Zwecke verwendet, aber niemals konnte er als einzelnes Tier 5 von Hundert des gesamten Wirtschaftsvolumens verbrauchen. In seinem Geschäft hatte er einen Tresor und manche Kunden trauten ihm gegen ein geringes Entgelt - meistens 1 oder 2 von Hundert - ihre Münzen an. Für dieses Geld erhielten die Tiere eine Quittung.

Es war beim Einkaufen einfach praktisch, anstelle von Münzen direkt mit den Quittungen des Geiers zu bezahlen und diese Methode setze sich im Laufe der Zeit immer mehr durch.

Der Geier stellte bald fest, dass es recht unwahrscheinlich war, dass auch nur einer der Tiere alle Münzen zurückfordern würde. Also, dachte er sich, warum mehr Münzen herstellen, wenn sie doch gar nicht gebraucht werden und er fing an, die bereits vorhandenen und bei ihm deponierten Münzen - also die Münzen, die ihm gar nicht gehörten - anstelle neuer Münzen zu verleihen, anfangs mit großer Vorsicht, nach und nach allerdings mit wachsender Selbstverständlichkeit. Er sagte sich: »In der Tat ist es nicht mein Eigentum, sondern nur das treuhändig bei mir deponierte Kundengold, aber es ist nun mal in meinem Besitz und darauf kommt es an.« Freunde, Bekannte und Fremde, selbst Feinde brauchten »Geld« für ihre Geschäfte und solange sie Sicherheiten vorweisen konnten, war dem »Verleihen« von Geld keine Grenze gesetzt. Der Geier stellte Quittungen aus, obwohl deren Wert inzwischen ein Vielfaches des Wertes der im Tresor gelagerten Münzen darstellte.

Wie auch immer - solange niemand sein »Geld« zurückverlangte, war dies alles kein Problem und der Geier führte außerdem genauestens Buch. Der Geldverleih war ein lukratives Geschäft, des Geiers sozialer Status stieg so schnell wie sein Wohlstand und seine Ansichten in finanziellen Angelegenheiten wurden von den Tieren sehr geschätzt. Die Geier aus den Wäldern, aus den Wüsten und aus den Bergen waren sehr interessiert an seinem Erfolg und deshalb berief der große Geier ein Treffen der Geier ein, das unter Geheimhaltung stattzufinden hatte.

Schließlich durfte der Schwindel nicht an die Öffentlichkeit gelangen. Nach einigem Abwägen wurde eine Bruderschaft gegründet und die Mitglieder auf absolutes Stillschweigen vereidigt.

Die Mitglieder der geheimen Geierloge nannten sich nun die »Erleuchteten« und nach dem Treffen dieser »Erleuchteten« begannen die Geier in allen Teilen der Tierwelt, nach Anweisungen ihres Vorsitzenden »Geld« zu verleihen. Mittlerweile wurden die Quittungen genauso akzeptiert wie die Goldtaler und genauso in einem Tresor unter Verschluss gehalten. Wenn ein Händler einem anderen einen bestimmten Betrag bezahlen wollte, korrigierte der Logenfürst lediglich die Nummern in seinem Buch und das »Geld« wechselte den Besitzer. Der Austausch von Quittungen etablierte sich und es wurde dafür die Bezeichnung »Scheck« eingeführt.

Im nächsten geheimen Treffen mit den Geiern stellte der große Geier eine neue Idee vor, die in der Tat bald danach den Tierräten und deren Vorsitzenden vorgestellt wurde. Der große Geier behauptete, dass gefälschte Schecks aufgetaucht seien und voller Sorge baten die Tierräte um seinen Rat. »Mein Vorschlag ist«, sagte dieser, »dass der Tierrat Scheine druckt, die schwer zu fälschen sind und »Banknoten« genannt werden. Wir Geier tragen hierfür gerne die Kosten, da uns dies schließlich das Ausstellen der Quittungen erspart.« Die Tierräte stimmten diesem Plan zu. Des Weiteren behauptete der große Adler, dass manche Tiere heimlich Goldtaler herstellen würden und somit sollte jedes Tier, das nach Gold schürft verstärkt überwacht werden und verpflichtet sei, das abgebaute Gold bei den Tierräten abzugeben und dafür selbstverständlich den entsprechenden Wert in Banknoten erhalten.

Der Vorschlag wurde von den Tierräten angenommen und die »Geldscheine« stellten sich als sehr handlich und bequem dar. Interessanterweise wurden dennoch ungefähr 90 von Hundert aller Transaktionen in Form der »Schecks« abgewickelt. Um das »Geld« in ihren Tresoren zu bewahren, hatten die Geier eine geringe Gebühr verlangt. Der nächste Schritt der »Erleuchteten Geier« bestand nun darin, das sich im Umlauf befindliche Geld in ihre Tresore zu locken. Daher überarbeiteten sie das System und boten ab sofort einen festen Satz in Höhe von 3 von Hundert für die Spareinlagen der Tiere an. Die Tiere akzeptierten dieses Angebot voller Begeisterung.

Sie akzeptierten auch weiterhin, dass die Geier »Geld« verliehen und dafür 5 von Hundert bekamen. Das schien ja letztendlich nur ein Gewinn von 2 von Hundert zu sein. Das Vermögen, das die Geier verwalteten wuchs immer schneller an und sie verliehen wesentlich höhere Summen, als tatsächlich in ihren Tresoren lagerte. Sie waren in der Lage das acht bis zehnfache der Einlagen weiter zu verleihen. Diese Art des Handels stellte sich als sehr lukrativ dar, da die Geier auf Grund dieser Dynamik bis zu 1.000 Taler Buchvermögen aus 100 Talern realer Einlage realisieren konnten, wobei die daraus erwirtschafteten 50 Taler einem realen Zins in Höhe von 50 von Hundert entsprach und keineswegs eben nur 2 von Hundert, wie allgemein in der Tierwelt angenommen wurde.«

»Wenn ich das jetzt richtig verstanden habe«, sagte Werner Wildschwein vollkommen fassungslos, »dann stecken die Geier hinter der Wald- und Wiesenbank und verdienen mit unserem Geld bis zu 50 von Hundert!«

»Du bist ein sehr aufmerksamer und guter Schüler, mein Freund!« antwortete Herbie Hase. »Da du nun den Zinseszinseffekt kennst und weißt, wie viel die Wald und Wiesenbank mit deinem Geld verdient, bist du bereits besser informiert als die meisten anderen Tiere in unserem Wald. Die Geschichte geht allerdings noch weiter. Die Fortsetzung werde ich dir morgen erzählen, da es heute schon wieder sehr spät geworden ist.«

Sie verabschiedeten sich. Der Hase ging wieder einmal nach Hause zu seiner Familie und das Wildschwein zu seiner Nachtschicht.

Illustration von Lukas Luke Drak
www.we-feel-yellow.com

Illustration von Lukas Luke Drak
www.we-feel-yellow.com

»Die Geschichte vom großen Geier - Teil 2«

»Wie ich dir gestern versprochen habe«, sagte Herbie Hase während er Werner Wildschwein begrüßte, »werde ich dir heute erzählen, wie die Geschichte vom großen Geier weitergeht. Der große Geier begann seine unfassbaren Einkünfte für das Studium von antiken Mysterien, dem Geheimnis der Herkunft des Planeten Erde und der auf ihm lebenden Tiergeschlechter zu verwenden, was auf geistiger Ebene seine Macht noch drastisch erhöhte. Er scheute weder Geld noch Mühe, um an das Wissen der alten Meister zu gelangen, allerdings in der Absicht, es für seine persönlichen materiellen Gelüste völlig zu absorbieren. Ab einem gewissen Punkt verkündete er plötzlich, Vertreter einer auserwählten Rasse zu sein.

Als eine von vielen Folgen daraus, begann er sogar, seine Logenmitglieder zu belügen, wobei die Vorgehensweise relativ einfach war. Der große Geier führte einfach verschiedene Rangfolgen ein, die von den einzelnen Mitgliedern in einem zeit- und lernaufwendigen Prozess zu durchschreiten waren. Er legte die Struktur so an, dass die Geier einer bestimmten Rangstufe nur wenig Ahnung hatten von den Umständen der nächst höheren Ebene, geschweige denn der übernächsten. So konnte den braven Neuzugängen und noch »unterentwickelten« Logenmitgliedern eine schwer verständliche Weltanschauung offenbart werden, die ein vorangehendes Ablegen der bisherigen persönlichen Erkenntnismuster verlangte - wie bei Sekten! Die völlig unnatürlichen Lehrinhalte konnten dann, mit Unterstützung durch funktionierende magische Praktiken, als »geheimes und höheres Wissen« an den Mann gebracht werden. Somit konnten viele Logenmitglieder, besonders der unteren Rangfolgen, für sekundäre nationale und internationale Machenschaften eingesetzt werden, ohne dass dieses Spiel von den Betroffenen selbst durchschaut wurde. Als eine weitere Folgeerscheinung wurden gut brauchbare Mitglieder höherer Ränge in fortgeschrittenes Wissen der geheimen Bruderschaft eingeweiht und in wichtigen Positionen der Tierwelt platziert.

Der große Geier hatte zum Beispiel entdeckt, dass die Stimme eines Tieres einen direkten Hinweis auf dessen zugrunde liegende

Macht darstellt. Die Händler am Markt, die mit der lautesten Stimme und besten Wortwahl ihre Produkte anboten, machten das beste Geschäft und ein Opernsänger konnte mit der Macht seiner Stimme einen ganzen Festsaal zutiefst beeindrucken. Kinder jedoch, die von ihren Eltern ständig geschlagen und derart in ihrer Macht unterdrückt wurden, zeigten sich scheu und nicht sprachgewandt: Ganz offensichtlich war die Stimme ein Machtpotential. Als Konsequenz daraus wurden politische Parteien erfunden. Diese hatten den Sinn, den ahnungslosen und zur 2. Klasse degradierten Tieren als wählbare Allianz greifbar zu erscheinen, um ihnen das Vorhandensein einer Demokratie vorzutäuschen. Tatsächlich wurden aber alle politischen Parteien von der Loge des großen Geier finanziert, sowie unauffällig geführt und sorgsam aufeinander gehetzt ins Rennen geschickt. Innerhalb kürzester Eingewöhnungszeit hatte die Bruderschaft die politischen Parteien dermaßen gut eingesetzt, dass nicht einmal die gereiften und durchaus intelligenten Parteimitglieder eine Vorstellung von der ganzen Tragweite dieser Manipulation hatten.

Magische Praktiken wurden verwendet, denen zufolge die arglosen Tiere in den Wälder, Steppen und Wüsten ihre Macht verlor. Die einzig gültige demokratische Macht:

»Alle Macht geht von den Tieren aus!«

Dazu wurden angeblich demokratische Wahlen angewendet, bei denen die Tiere ihre Stimme abzugeben hatten. Und tatsächlich waren nach der Stimmabgabe die verblüfften Wähler jedes Mal machtlos und hatten dem plötzlichen Entschwinden der zuvor so verlockend geklungenen Wahlversprechungen ebenso hilflos zuzusehen, wie dem Auftauchen unerwarteter neuer Gesetze und Verordnungen. Sie erkannten nicht im Geringsten, dass sich bei Wahlen bestenfalls irgendwelche Ausdrucksformen änderten, niemals aber die wichtigen Inhalte und dass ihre Macht jedes Mal aufs Neue begraben wurde, weil sie ihre Stimme, nichts ahnend, in eine »Urne« eingeworfen hatten.

Da das Drucken von Geld in Tierratshand war und die Tierwelt so hervorragend kritiklos unter dem Eindruck stand, dass der große Geier und seine Logenmitglieder lediglich die Verwalter dieses Gutes waren, wurden als nächste Aktivität die Sprachkultur und Begriffsbestimmungen in die Mangel genommen. So trafen die Tierratsmitglieder Entscheidungen, die ausschließlich den eigenen Logeninteressen dienten, um diese Aktionen dann als »Maßnahmen des Staates« zu bezeichnen. Keinem fiel auf, dass es sich in Wirklichkeit bloß um das Vorgehen der Tiervertreter handelte und der Staat selbst, nämlich die Tierwelt, oftmals gar nicht gefragt worden war, sondern lediglich als unfreiwilliger und ahnungsloser Sponsor ständig ausgebeutet und missbraucht wurde.

Und so kam der Tag, an dem der schlaue Fuchs das System genauer unter die Lupe nahm und den großen Geier mit folgender Überlegung aufsuchte: »Für 100 Taler werden 105 Taler als Rückzahlung verlangt. Da diese fünf fehlenden Taler nicht existieren, kann die Rechnung niemals aufgehen. Ein Bauer stellt Korn her, ein Unternehmer produziert Waren, du allerdings bist der Einzige, der Geld verwaltet. Angenommen, es gäbe nur einen einzigen Geschäftsmann in unserem Wald, welcher die gesamte Wirtschaft kontrolliert und dieser würde 90 von Hundert allen Umlaufgeldes in Form von betriebswirtschaftlichen Ausgaben und Löhnen wieder auszahlen und die restlichen 10 von Hundert als Gewinn verzeichnen, dann würden von den ursprünglichen 100 von Hundert Gesamtkapital nach wie vor die Zinsanteile fehlen, da die entsprechende Summe niemals existiert hat. Um dich nunmehr zu bezahlen, müssten wir unsere Waren für 105 anstelle von 100 Talern verkaufen. Erstens geht dies buchhalterisch gar nicht und zweitens kann nicht die gesamte Warenmenge umgesetzt werden, da nicht genug Geld verfügbar ist. Das System kann daher nur funktionieren, wenn die fünf Taler Zins pro 100 Taler geliehenen Geldes in die Gesamtrechnung mit aufgenommen werden.«

Der große Geier hörte scheinbar aufmerksam zu und wusste zugeknöpft zu erwidern: »Wirtschafts- und Finanzwissenschaften sind wesentlich komplexer, als dass sie derart vereinfacht abgehandelt und dargestellt werden könnten. Ein Verständnis dieser Themen verlangt ausgiebiges und vertieftes Fachwissen. Ich bin aber sehr dankbar für die vorgebrachten Bedenken und rate zur bestmöglichen Integration der Argumentationsinhalte in die tierwirtschaftlichen Interessen, indem die betriebswirtschaftliche Effizienz gesteigert wird, die Produktion einen Wachstumsschub erfährt und die Ausgaben durch Rationalisierung gesenkt werden. Dies bedeutet, ihr werdet immer mehr Überflussgüter zu immer geringeren Preisen bekommen. Möglicherweise wird sich unser Staat etwas verschulden müssen, aber das macht überhaupt nichts, denn ich persönlich führe die Privatbanken, bei denen der Tierrat das Geld leiht. Natürlich stelle ich mich gegen entsprechendes Honorar auch als Fachberater in diesen Dingen zur Verfügung.«

Der große Geier galt landläufig als der Experte und Einwände waren zwecklos, denn schließlich schien die Wirtschaft zu boomen und das Land einen enormen Aufschwung zu verzeichnen. Um die Zinsraten zu vertuschen, wurden die Händler über wirtschaftsdynamische Prozesse gezwungen, Preisgestaltungen zu verschärfen. Die Angestellten und Arbeiter beklagten sich bald über zu niedere Löhne, die Arbeitgeber ihrerseits rechtfertigten diese mit den tatsächlichen Gefahren eines potentiellen Bankrotts. Bauern wiederum waren unfairen Absatzkosten ausgesetzt, während die Konsumenten darüber klagten, dass im Gegensatz zu den Überflussgütern die zum Leben tatsächlich benötigten Dinge immer teurer wurden. Teile der Tierwelt verarmten teilweise so schlimm, dass selbst Freunde und Verwandte nicht mehr im Stande waren, einander auszuhelfen. Schließlich kam es zu Streiks, einem bis dahin unbekannten Phänomen.

Der ursprüngliche Reichtum und Wohlstand der Natur schien vergessen, all die fruchtbaren Böden, uralten Wälder und die mineralhaltige Erde. Alles drehte sich nur mehr ums Geld und dieses wiederum schien immer knapper zu werden. Niemand hinterfragte das System als solches, schien es doch von den Tiervertretern verwaltet zu sein! Einige wenige waren in der Lage, ihren Überschuss zusammenzulegen und Verleih- und Finanzinstitute zu gründen, wobei 6 von Hundert Zins angeboten wurden, was besser war als die 3 von Hundert vom großen Geier. Allerdings konnte nur Geld verliehen werden, das in der Tat deren Eigentum war, ungleich der Methode des großen Geiers, Geld per Füllfederhalter zu erschaffen.

Diese Finanzinstitute waren dem großen Geier und Konsorten ein Dorn im Auge und wurden daher innerhalb kürzester Zeit aufgekauft und unter Kontrolle gebracht. Die gesamtwirtschaftliche Lage verschlechterte sich und Arbeiter bemerkten die unproportional hohen Einkommen ihrer Arbeitgeber. Diese ihrerseits hielten ihre Arbeitskräfte für faul und unwirtschaftlich. Jeder begann seinen Nächsten zu beschuldigen. Die Tierräte hatten keine Antwort und die akuten Probleme der aufkommenden Armut zu lösen, sowie »Arbeitsplätze zu schaffen«, schien ohnehin wesentlich wichtiger.

Sozialprogramme wurden eingerichtet und per Gesetz wurde jeder Einwohner verpflichtet, Beiträge zu leisten. Dies wiederum erzürnte die Tiere, da Abgaben gegen den Willen des Einzelnen einem klaren Diebstahl gleichkamen. Doch der große Geier ließ nicht locker. Sein nächster Schachzug war die Besteuerung der Tiere, die ihr Eigentum auch tatsächlich in Besitz nahmen. So sagte sich der große Geier: »Das Land gehört dem Staat, somit jedem einzelnen Tier, aber wer seinen Anspruch reklamiert, muss mir eine »kleine Geldspende« zahlen!« So erfand er verschiedene Steuern auf Grund und Boden, wenn jemand ein Haus darauf baute. Danach wurden nach alter Tradition der Wegelagerer fahrende Fuhrwerke besteuert, angeblich um die Strassen zu sanieren, was aber nur in lächerlichem Gegenwert geschah. Und schließlich wurden auch die parkenden Fuhrwerke besteuert, wenn sie vorübergehend auf öffentlichem Grund abgestellt wurden.

Diese Sozialabgaben schienen zwar im Ansatz eine Beruhigung des Staatshaushaltes zu schaffen, bald allerdings wuchsen die Abhängigkeit und die damit verbundene Tierratsbürokratie. Die meisten Tierräte waren unbescholtene Tierratsvertreter mit guten Absichten. Um die Tierwelt nicht weiter zu belasten, begannen die Tierräte den großen Geier zu beleihen, ohne sich im Geringsten klar zu sein, wie diese Anleihen zurückgezahlt werden sollten. Eltern waren nicht mehr in der Lage, die Lehrer für ihre eigenen Kinder zu bezahlen, genauso wenig wie den Hausarzt oder den Busfahrer. Schritt für Schritt war der Tierrat gezwungen, diese Funktionen zu übernehmen und zu verwalten. Lehrer, Ärzte und viele andere Berufsgruppen wurden zu Beamten, was der ursprünglichen Leidenschaft und Berufung nicht zugute kam. Ein jeder wurde Teil dieser gigantischen Unterdrückungs-Maschinerie.

Niemand war interessiert Initiativen zu ergreifen. Berufliche Erfolgserlebnisse wurden ignoriert, Einkommen waren gleichgeschaltet und eine Beförderung stand nur dann an, wenn ein Vorgesetzter starb. In dieser Zwangslage beschlossen die Tierräte wieder einmal, den großen Geier um Rat zu fragen, da dieser perfekt vorgaukelte, in Geldangelegenheiten der richtige Konsulent zu sein. Er veröffentlichte seine Meinung, die Tierwelt wäre als solches einfach nicht in der Lage, mit Geld ordnungsgemäß umzugehen und dass folglich ein Kontrollsystem von Tierratsseite von Nöten wäre. Grundlage sollte selbstverständlich sein, dass alle Tiere gleich wären und in diesem Sinne ein jeder aufgrund seines Besitzes besteuert werden sollte. Selbstverständlich könnten Schulen und Krankenhäuser - vorerst zumindest - ausgeschlossen werden.

Der große Geier erwähnte noch beiläufig, dass gewisse Schuldner doch bitte ihre persönlich vereinbarte Zahlung zu bezahlen hätten und dass im Falle von Zahlungsunfähigkeit zumindest der fällige Zinsbetrag zu leisten sei. Niemand hinterfragte die Philosophie des großen Geiers und eine Einkommenssteuer wurde eingerichtet und so galt nun die Devise: Steuern zahlen oder ins Gefängnis gehen.

Wiederum waren die Händler gezwungen, die Preise anzuheben. Arbeiter verlangten wiederum höhere Löhne, viele Arbeitgeber ihrerseits mussten Teile ihrer Arbeiterschaft durch Maschinen ersetzten oder sogar Bankrott anmelden. Eine vorübergehende

Lösung war das Errichten von Einkaufszentren, was selbstverständlich auch wieder um nur dem großen Geier und seinen Logenmitgliedern und den dahinter stehenden Wirtschaftsmagnaten zugute kam. Der Werteverfall und die Arbeitslosigkeit stiegen und der Tierrat war gezwungen, weitere Sozialprogramme zu erfinden. Tarife und andere Schutzmaßnahmen wurden eingesetzt, da es immer größere Industriezweige vor dem Zusammenbruch zu bewahren galt. Dennoch gab es laufend neue Rekordsummen bei Pleiten. So mancher begann sich zu wundern, ob der Sinn der Produktion darin lag, Waren herzustellen oder lediglich die Tiere zu beschäftigen.

Die Lage verschlechterte sich zunehmend und es wurden die verschiedensten Maßnahmen ausprobiert, um die steigenden Preise unter Kontrolle zu halten. Weitere Formen der Besteuerung mussten eingeführt werden und bald waren annähernd 50 verschiedene Steuern auf einem Laib Brot, angefangen bei der Grundsteuer des Bauern, über alle Belastungen des Handels, bis zur Mehrwertsteuer der einkaufenden Hausfrau.

»Expertengruppen« wurden zusammengestellt, um im Auftrag des Tierrates die Lage unter Kontrolle zu bringen, was in nichts anderem resultierte als in einer anders lautenden Restrukturierung und in immer neuen Formen der Besteuerung. Der große Geier verlangte ungeschmälert seinen Zins und ein ständig wachsender Anteil all dieser Steuern musste verwendet werden, um diese Zahlungen überhaupt noch aufbringen zu können. Die politischen Parteien versprachen wie immer verschiedene Ansätze zur Lösung der Probleme. Es wurden alle denkbaren Anhaltspunkte abgehandelt, angefangen bei den Unterschieden in Persönlichkeiten, Idealismus - das Streben nach der Verwirklichung einer vollkommenen Tierwelt - und Ideologie - politische Grundeinstellung. Später wurden Rassismus und Ausländerhass erzeugt und kräftig geschürt. Nur der Kern des Geschehens wurde souverän übergangen. Schließlich passierte es, dass in einer der Steppen sich der fällige Zinsbetrag als größer herausstellte als der Betrag des erwirtschafteten Einkommens. Als Antwort wurde erbarmungslos ein Zins auf den unbezahlten Zins erhoben. Danach folgte der Krieg und die Tiere begannen sich des Geldes wegen gegenseitig zu töten...

Der große Geier ließ dafür eigene Fabriken bauen, gab ihren Besitzern Geld, um Bomben herzustellen, verlieh Geld an das Militär, um möglichst viele Bomben über sich scheinbar streitenden Tieren abzuwerfen und gab dann den Opfern hoch verzinste Kredite für den umfangreichen Wiederaufbau. Danach gab es weitere großzügige Kredite unter dem Titel »Wirtschaftsförderung«. Dieses System mit all seinen Auswirkungen war so erfolgreich, dass innerhalb kürzester Zeit jedes Land der Welt in irgendeiner Form »Auslandsschulden« hatte. Dies machte dem großen Geier soviel Spaß, dass er begann, Krieg und Mangel in verschiedensten Formen der Drohung und Angstverbreitung als wohl organisiertes Machtinstrument einzusetzen und so steigerte sich die Spirale der Gewalt in allen Landesteilen. Er folgte sogar dem Plan eines durchtriebenen Geiers seiner Loge, der erläuterte, wie man durch Drei Große Kriege zu einer endgültigen Eine-Welt-Regierung gelangen könnte.

Niemand außerhalb von Logennetzwerk des großen Geiers war imstande, eine verständliche Erklärung für all diese Ungereimtheiten zu finden. Dabei hätte lediglich der Gedanke geholfen:

»Wenn alle Staaten der Tierwelt verschuldet sind, wer ist dann eigentlich der Gläubiger?«

Schritt für Schritt brachte der große Geier den wahren Wert der Ländereien unter seine Überprüfung. Sein Ziel war es inzwischen, jedes Tier unter seine vollständige Kontrolle zu bringen. Systemgegner wurden durch finanziellen Druck in Zaum gehalten oder wurden als unrealistisch und lächerlich dargestellt. Als Mittel dazu dienten die längst vom großen Geier aufgekauften Fernseh- und Radiostationen, sowie die von ihm kontrollierten Zeitungen und Verlage.

Der große Geier ließ seine Logengeier, die zwischenzeitlich alle wichtigen Tierratsstellen besetzt hatten, Gesetze erschaffen, die mit ihren Belastungen kein Überleben von öffentlichen Medien vorsahen. Vom Geld der arglosen Steuerzahler wurden danach hohe Beträge abgezweigt und als »allgemeine, besondere Presseförderung« an die derart künstlich am Leben erhaltenen Printmedien und Rundfunkstationen ausbezahlt. Durch diese umfangreichen Manipulationen war trotz der ursprünglich guten Absichten der Journalisten niemandem mehr klar, dass grundsätzlich nur die Symptome der Probleme abgehandelt werden durften, niemals jedoch die eigentliche Ursache der ganzen Entgleisung in Frage gestellt wurde.

Natürlich gab es mehrere Zeitschriften. Die einen waren links-, die anderen rechtsorientiert und auch für das Tier der Mitte war hervorragend gesorgt. Solange niemand das System als solches hinterfragte, waren in diesem seltsam auswuchernden Spiel keine Grenzen gesetzt. Die ganze Welt schuldete dem großen Geier nun Geld und über seine öffentlichen Medien konnte er jedem Normaltier glaubhaft machen, was auch immer er gerade wollte.

Wenn der große Geier einen Feind brauchte, ließ er von seinen Gefolgsleuten einen Terroranschlag im eigenen Land durchführen und seine gekauften Medien gaben daraufhin bekannt, wer der auserwählte Feind ist, der sofort mit voller Brutalität nieder gebombt und getötet werden durfte. Mehr noch! Nach gezielter, unfassbar brutaler Kriegsführung mit komplexem, rassistischem Hintergrund, genialen Propagandamaßnahmen - Werbung für politische Grundsätze - und nachfolgend unverschämter Fälschung der Geschichtsschreibung, war es dem großen Geier sogar möglich, tierweltverhetzende Gesetze zu erschaffen, die sich selbst beschützten, indem jeder, der sie zu hinterfragen versuchte, automatisch ins Gefängnis gesteckt werden konnte.

Nicht einmal der Abwurf von Atombomben auf Kinder bereitete dem großen Geier irgendwelche Gewissensbisse und seine Banken - übrigens auch die Wald- und Wiesenbank - verdienten äußerst gut daran.

Oft musste er über seine unglaublichen Fähigkeiten als überragender Spielleiter dämonisch lachen. Was waren nun die weiteren Interessen der Reichen, nachdem sie alle materiellen Anreize gekostet hatten? Macht war die Antwort! Ungezügelte

Macht über andere Tier! Die Idealisten hatte der große Geier erfolgreich in den Medien platziert, die wahre Kontrolle dagegen ging von den Mächtigen der Politik aus. Ein extrem arrogantes Klassenbewusstsein kristallisierte sich heraus und die »Elite« war überzeugt, dass die Masse der Tiere unnachgiebige Kontrolle bräuchte, um ordnungsgemäß zu funktionieren. Der Konsumrausch wurde verschärft, um die niederen Instinkte zu verstärken, um Anreize zum Nachdenken zu unterbinden und um die Überzeugung zu verankern, dass es keine Alternative mehr gäbe zum farblosen Alltag des permanenten Geld-Verdienen-Müssens.

Die Loge des großen Geiers behauptete, dass der Grund über alle Tiere herrschen zu dürfen, das angebliche »Recht einer höheren Geburt« wäre. Landesübergreifend waren schon längst zahlreiche Großbanken zu finden und obwohl diese scheinbar miteinander konkurrierten, arbeiteten diese in Wirklichkeit eng zusammen.

Mit offizieller Absegnung war eine Zentralbank eingerichtet worden und ihre Einlagen waren Anleihen, die durch reelles Geld gedeckt wurden, das sich in den einzelnen Banken befand. Dem Anschein nach handelte es sich um eine Tierratsinstitution, wobei in Wahrheit kein einziger Tiervertreter jemals Zugang zur Kontrolle dieses Systems hatte. Mehr noch, diese Art Nationalbank stand außerhalb der Staatsverfassung und somit oberhalb des Waldespräsidenten, wodurch sie tun und lassen konnte, was sie wollte. Wie leicht hätte jedes Tier dies feststellen können, war dieser Verrat doch sogar aus den öffentlich, zugänglichen Unterlagen erkennbar.

Der Tierrat seinerseits musste nun nicht mehr Geld direkt vom großen Geier ausleihen, sondern konnte sich an diese Zentralbank wenden, wobei als Sicherheit für die Kredite die zukünftigen Zinseinnahmen galten. Dies war in Einklang mit dem Plan des großen Geiers, der ausgerichtet war auf die Ablenkung von den Ursachen unter Aufrechterhaltung des Ziehens aller Fäden aus dem Hintergrund. Seine Devise lautete: »Solange ich als Berater in Finanzangelegenheiten herangezogen werde, halte ich mich komplett aus der Gesetzgebung des Landes heraus.« Es war somit egal, welche Partei regierte, da der große Geier den Lebensfluss der

Tierwelt, das Geld, unter seiner vollständigen Kontrolle hatte. Schließlich kam der große Geier seinem Endziel nahe! 10 von Hundert allen Geldes waren allerdings nach wie vor in Form von Münzen und Scheinen im Umlauf, was einzelnen Tieren eine gewisse Freiheit und Kontrolle über ihr eigenes Leben einräumte.

Deshalb schlug der große Geier vor, um scheinbarem Diebstahl und Verlust entgegenzuwirken, eine kleine Plastikkarte für jedes Tier auszustellen, mit Name und Photo, sowie einer Identifikationsnummer. Mit dieser Karte konnte jedes Normaltier bequem seine Einkäufe machen, ohne allerdings zu ahnen, dass auf einmal nicht nur seine gesamten Guthaben und Schulden über einen Zentralcomputer abgerufen werden, sondern über die Art seiner Einkäufe auch ein recht gutes Profil über ihn erstellt werden konnte. Wann er sich wo aufhielt, welche Bücher er las, welche Vorlieben er hatte,...

Für die Tiere wurde die Kreditkarte zusätzlich attraktiv gemacht, indem bei der Rückzahlung am Monatsende keinerlei Zins für sie anfiel. Die Geschäftsleute hingegen hatten wesentlich höhere Ausgaben, die einen längeren Zeitraum zur Bezahlung ihrer Waren akzeptieren zu hatten, und die 1,5 von Hundert anfallenden Zinsen pro Monat wurden derart zu 18 von Hundert Jahreszins katapultiert. Diese 18 von Hundert mussten aber natürlich von ihnen auf den Preis der Endprodukte aufgeschlagen und somit an den Kunden weitergegeben werden, obwohl solche Rechnungspositionen zu Beginn niemals existiert hatten. Die Unternehmer mussten also 118 Taler pro 100 geliehene Taler rückerstatten, was wiederum nur fiktives Geld war, das nie im Umlauf gewesen ist! Durch einen weiteren genialen Trick wurde die Überwachung der Tiere vorangetrieben. Die Erfüllungsgehilfen des großen Geiers beauftragten Großfirmen mit der Entwicklung von tragbaren Individualtelefonen, welche die Tiere erwartungsgemäß mit großer Freude benutzten.

Kaum einer jedoch dachte dabei an die Tatsache, dass nun jederzeit die Position jedes Telefonbenutzers im In und Ausland auf wenige Meter genau abgerufen werden konnte. Zu diesem Zweck wurden alle Länder mit einem engmaschigen Netz von Sendemasten überspannt. Als vorauskalkulierte Begleiterscheinung konnten nun auch die auf freier Funkübertragung basierenden Gespräche nach Lust und Laune mitgeschnitten und abgehört werden. Technologische Geheimnisse wurden plötzlich transparent, Verschwörungen wurden im Keim erstickt und schließlich warfen sogar spezielle Auswertungprogramme automatisch die verschiedensten Trends in der Entwicklung der Tierwelt in computergeführten Listen aus.

Der Erfolg war so groß, dass alle Computer der Welt vernetzt wurden in einem weltweiten »Web« und natürlich war es dem Uneingeweihten wieder einmal nicht klar, das hier nicht die Rede von einem normalen Netz ist, sondern wortwörtlich von einem Spinnennetz, in dem sich der Benutzer völlig unbewusst verfängt. Kaum der Rede Wert war dazu die Tatsache, dass die Computerprogramme zusätzlich mit »Trojanern« ausgestattet, durch die alle Daten des Betreibers von außen abgefragt werden konnten. Der große Geier seinerseits genoss Ansehen und höchsten gesellschaftlichen Rang. Kleine, nutzlose Unternehmen verschwanden reihenweise durch Bankrott. Spezielle Gewerbescheine wurden gesetzlich verlangt, die es den verbleibenden Firmen noch schwerer machen sollten, unabhängig weiterzuexistieren.

Die Gesinnungsmitglieder des großen Geiers kontrollierten ja längst alle Großunternehmen und somit deren Zulieferer, denn deren umsatzorientiertem Druck hatte sich schlussendlich auch selbst der letzte unabhängige Schlosser, Elektriker und Bäcker zu fügen.

Der große Geier plädierte als nächsten Schritt für eine komplette Abschaffung von Münzen und Papiergeld, um den Weg für seine Plastikkarte zu ebnen. Im Falle des Verlustes sollte jedem Tier eine persönliche Identifikationsnummer in die Hand tätowiert werden, die unter einem speziellen Licht gelesen und an einen Computer weitergeleitet werden konnte. Dieser wiederum war an einen Zentralcomputer gekoppelt, in dem ausnahmslos alle Daten jedes Individuums gespeichert und über Ortungssatelliten angepeilt werden konnten. Weitere elektronische Anlagen sendeten auf der gleichen Trägerfrequenz gehirn-manipulierende Wellen zurück, wodurch jedes ungeschützte Tier weit reichend manipulierbar wurde.

Es wäre fast gelungen, auf unfassbare Weise, die endgültige Kontrolle über jedes einzelne Tier zu erlangen. Die Idee des großen Geiers starb allerdings in den ersten Jahren eines neuen Millenniums im Zuge eines plötzlichen, völlig chaotischen globalen Aufwachsszenarios der Tiere. Der größte Teil der Tiere in unserem Wald, in den Steppen, in den Bergen, auf den Wiesen und in den Wüsten war sich in einer mühevollen, gewaltigen Anstrengung dieses Spiels bewusst geworden. In seiner Gier hatte der große Geier nämlich völlig übersehen, dass die Schöpfungskräfte, die das gigantische Universum mit aus tierischer Sicht nicht beschreibbarer Intelligenz geschaffen haben, seinem machtvollen Spiel, zwar aus Interesse zugesehen, es aber mit einem ultimativen Ablaufdatum versehen hatten. Es war verankert als ein Weckerläuten im Bewusstsein der Massen und diese hatten keine Chance es zu überhören, nämlich das neue Zeitalter und die Tiere, die es einläuteten.«

»Mein Gott!« sagte Werner Wildschwein. »Vieles von dem was du mir eben erzählt hast, kommt mir sehr bekannt vor. Es entspricht der Realität in unserem Wald! Was kann ich denn nun tun?«

»Diese Frage werde ich dir heute nicht mehr beantworten, da es schon wieder sehr spät geworden ist!«

Sie verabschiedeten sich, Herbie Hase ging nach Hause zu seiner Familie und Werner Wildschwein zu seiner Nachtschicht...

Illustration von Lukas Luke Drak
www.we-feel-yellow.com

»Die Finanzkrise im Wald«

Wieder trafen sich der Hase und das Wildschwein am Bach. »Herbie« sagte Werner Wildschwein sehr nachdenklich, »ich habe mir die ganze Nacht Gedanken über deine Geschichte über den großen Geier gemacht und bin zu dem Entschluss gekommen, dass ich nicht mehr an diesem System teilnehmen möchte, denn sonst wird die Wald- und Wiesenbank immer mächtiger und kontrolliert eines Tages das ganze Geld, die Wirtschaft in unserem Wald und möglicherweise auch unseren Tierrat!«

»Werner«, erwiderte Herbie Hase, »das ist ein sehr guter Entschluss und ich werde dich dabei unterstützen und dir die anderen Wege zeigen. Allerdings muss ich dich jetzt ein bisschen enttäuschen, denn die Banken, Bausparkassen und Versicherungen kontrollieren mittlerweile den größten Teil des Geldes und haben es somit geschafft den Mittelstand in unserem Wald abhängig zu machen.

Sie kontrollieren auch immer mehr unseren Tierrat. Der große Geier aus der Steppe über dem großen Teich hat einmal gesagt:

**»Wer das Geld in einem Wald kontrolliert,
der macht auch die Gesetze!«**

»Deshalb«, fuhr Herbie Hase fort, »ist der Ausstieg aus dem Geldsystem gar nicht so einfach. Möglich ist er nur, wenn du dich in Zukunft ganz klar an meine Anweisungen hältst und nicht wieder in deine alten Geldverhaltsmuster verfällst. Bist du bereit dazu?«

»Ich bin bereit«, antwortete Werner Wildschwein sehr rasch, »und ich werde alles genau so machen, wie du es mir sagst, mein Freund.«

»Gut!« sagte Herbie Hase. »Die aktuelle Situation an den Finanzmärkten und die Finanzkrise in der großen Steppe, in der der große Geier einst lebte, macht es erforderlich, dass ich dir heute einen Überblick über diese Krise gebe und dir einige konkrete

Hinweise zur Vorsorge empfehle. Mit dem nicht mehr aufzuhaltenden Verfall des Steppen-Dollars werden auch alle anderen Papierwährungen fallen - auch unser Waldtaler! Ich werde ein paar Dinge, die wir bereits besprochen haben noch einmal für dich zusammenfassen und dir nun erklären, dass das Geld, das wir in unserer Tasche tragen oder auf unserem Bankkonto haben, die verschiedensten Aufgaben erfüllt.

1.) Geld ist ein Tauschmittel und erlaubt uns Tieren damit den indirekten Austausch von Waren. Im Gegensatz zu direkten Tauschgeschäften, bei denen Getreide oder andere Waren getauscht werden, wird immer nur Ware gegen Geld getauscht, was die Transaktion wesentlich einfacher macht.

2.) Geld wird als Maßeinheit für Werte verwendet, denn ohne Geld wäre es etwa kaum möglich, eine Finanzbuchhaltung zu erstellen, in der alles in Geldwerten dargestellt werden muss. Ebenso lässt eine Preisauszeichnung das Tier, das etwas einkaufen will, sofort einen bestimmten Wert einer Ware erkennen.

3.) Geld eignet sich als Medium zur Wertaufbewahrung, da es jederzeit in Waren und Dienstleistungen jeglicher Art umgetauscht werden kann und ist damit die gespeicherte Arbeitskraft aller Tiere. Allerdings das nur dann, wenn das Geld stabil im Wert ist, also nicht der Inflation unterliegt.

4.) Geld ist ein legales Zahlungsmittel. Für jede Art von Schulden, die wir Tiere haben, wird von der Wald- und Wiesenbank Geld genommen, um diese zu tilgen. Außerdem schreiben die Staaten per Gesetz vor, welche Art von Geld zumindest zur Begleichung von Steuerschulden zu verwenden ist.

Als nächstes müssen wir uns darüber im Klaren sein, was kein Geld ist. So werden verschiedene Finanzanlagen (Assets) wertmäßig in Geldeinheiten ausgedrückt, müssen aber erst in Geld umgetauscht werden, damit wir Tiere damit bezahlen zu können:

1.) Aktien (Stocks), also Unternehmensanteile. Aktien können nur an einer Börse gegen Geld gehandelt werden.

2.) Immobilien, also Häuser und Grundstücke, sind auch Wertanlagen, jedoch ist deren Kauf oder Verkauf wesentlich schwieriger.

3.) Investment-Fonds sind mehrere zusammengefasste und gemanagte Aktien und Anleihen und sind leicht kauf- oder verkaufbar.

4.) Klassische Lebens- & Rentenversicherungen sind gemanagte Anlagen in Geldwerten, die zwar relative einfach gekauft werden können, allerdings wesentlich schwieriger zu verkaufen sind.

5.) Anleihen (Bonds), sind Schuldpapiere mit einer bestimmten Laufzeit und einem Zinssatz, können aber jederzeit verkauft, also gegen Geld getauscht werden.

Alle diese Anlageformen sind wertmäßig im Wesentlichen von den aktuellen Zinsen und der Kreditverfügbarkeit abhängig. Sind die Zinsen niedrig und Kredite leicht zu bekommen, sind die Werte dieser Anlageformen hoch. Sind die Zinsen hoch, so sind die Werte dieser Anlageformen niedrig. Spar- oder Kontoguthaben sind dagegen Geld und real wie ein Kredit an die jeweilige Bank anzusehen.

Wie du bereits weißt, bekommt jemand der Geld verleiht, Zinsen für dieses Verleihen. Diese Zinsen werden in der Regel als jährlicher Preis für das verliehene Geld angegeben. Bei beispielsweise 5 von Hundert Zinssatz pro Jahr sind für verliehene 1.000 Waldtaler pro Jahr 50 Waldtaler an Zinsen zu bezahlen. Die Zinssätze in einem Währungsraum werden von den Zentralbanken und vom Markt festgelegt. Dabei werden die »kurzen Zinssätze«, also für täglich fälliges Geld, von der Zentralbank und die »langen Zinssätze« vom Markt nach den Inflationserwartungen festgelegt. Als Maßstab dient hier die jeweilige 10-jährige Staatsanleihe. In unserem Wald ist dies der 10-jährige »Wald«, der auch als »Waldesanleihe« bezeichnet wird.

Was du auch noch wissen solltest ist, dass der Zins sich aus den folgenden Teilen zusammensetzt:

1.) Ein Grundzins, welcher der Preis dafür ist, dass Geld überhaupt aus der Hand gegeben wird.

2.) Ein Risiko-Aufschlag, der das Kreditausfallsrisiko abdeckt.

3.) Ein Inflationsaufschlag, der die laufende Geldentwertung kompensieren soll.

4.) Eine Bankgewinnspanne, die Differenz zwischen Einlage- und Kreditzinsen.«

»Lieber Herbie.« unterbrach Werner Wildschwein den Hasen. »Wenn du mir etwas über die Finanzkrise erzählst, wirst du mir dann auch den Goldstandard erklären? Ich habe nämlich darüber gelesen und nicht ganz verstanden, was das zu bedeutet hat!«

»Selbstverständlich mache ich das.« fuhr der Hase fort. »Bis zum Jahre 1913 und teilweise auch zwischen den beiden ersten Großen Kriegen war das Geld goldgedeckt. Das ist der so genannte Goldstandard. Das zeigte sich daran, dass Gold und Silbermünzen in Ländern unserer Tierwelt im Umlauf waren. Es bedeutete, dass der Wert des Geldes im Geld vorhanden war, da dieses aus Edelmetallen bestand. Der große Geier hatte damals auch erklärt, dass es umständlich wäre, viel Gold oder Silber herumzuschleppen und so wurden - wie du bereits auch weißt - dann auch Banknoten aus Papier ausgegeben. Diese konnten jederzeit bei der ausgebenden Bank gegen Gold oder Silber wieder eingetauscht werden. Mit dem Beginn des 1. Großen Krieges wurde diese Goldeintauschpflicht der Banken aufgehoben, um den Krieg zu finanzieren. Wäre diese Goldeintauschpflicht nicht aufgehoben worden, wäre der 1. Große Krieg bereits nach 6 Wochen wegen Geldmangels zu Ende gewesen. Einige Wälder, Steppen und Wüsten kehrten nach dem 1. Großen Krieg wieder zum Goldstandard zurück. Nach dem 2. Großen Krieg hatten die europäischen Wälder, Steppen und Wüsten allerdings fast kein Gold mehr, sodass ein Goldstandard nicht wieder aufgebaut werden konnte. Als Ersatz wurden die neuen Währungen mit dem Steppen-Dollar des großen Geiers als Reserve hinterlegt und konnte bis zum Jahre 1971 von den Zentralbanken zum fixen Kurs von 35 Steppen-Dollar pro Feinunze (OZ = 31,1 Gramm) in Gold getauscht werden, bis der damalige Steppen-Präsident Nixon diese Umtauschpflicht wegen Goldmangels endgültig aufhob. Seit dieser Zeit hat keine Währung der Tierwelt mehr irgendeine Golddeckung und Silbermünzen verschwanden in den 1970er Jahren endgültig als Zahlungsmittel.«

»Danke schön. sagte Werner Wildschwein. »Jetzt habe ich es verstanden.«

»Bitte schön.« erwiderte Herbie. »Nach diesem kurzen Ausflug in die Geschichte möchte ich dir zeigen, wie heute Geld »produziert« wird. Bereits im Goldstandard war nicht alles umlaufende Geld mit Gold gedeckt, sondern nur zwischen 10 bis 40 von Hundert. Der Rest war so genanntes »Kreditgeld«, also durch Kreditvergabe erzeugtes Geld. Heute gibt es nur noch dieses »Kreditgeld« und Bargeld, also Scheine und Münzen, ist nur ein sehr kleiner Teil dieser Geldmenge, denn der größte Teil ist das Geld auf Bankkonten, also »elektronisches Geld«.

Nehmen wir an, das Eichhörnchen macht eine Einlage bei der Wald- und Wiesenbank von 1.100 Waldtalern. Die Bank kann den Großteil des Geldes abzüglich einer Mindestreserve in Höhe von ca. 2% wieder verleihen. Es wird also nur ein kleiner Teil der Einlage als Reserve gehalten. Der Bär leiht sich nun 1.000 Waldtaler von der Wald- und Wiesenbank und diese richtet ein Kreditkonto für den Bären ein und schreibt auf dieses 1.000 Waldtaler gut. Der Bär hebt nun dieses Geld ab und gibt es aus. Somit sind 1.000 Waldtaler neues Geld »geschöpft«, bzw. »aus dem Nichts erzeugt« worden, denn dieses Geld landet auf anderen Bankkonten als Einlage. Das Eichhörnchen kann aber nach wie vor über seine 1.100 Waldtaler verfügen, sie abheben und ausgeben. Es sind also nun 1.000 Waldtaler zusätzlich im Umlauf und die Geldmenge im System ist gestiegen. Je nach Reserveerfordernis der Banken kann einmal erzeugtes Geld durch diesen Mechanismus bis zur 50-fachen Geldmenge erzeugen.

In Wirklichkeit ist das System heute sehr komplex, aber um es zu verstehen, reicht diese einfache Erklärung vollkommen aus. Auch andere Institutionen »erzeugen« Geld. So etwa die Zentralbanken, die für die Stabilität des jeweiligen Währungsraums verantwortlich sind. Es ist noch anzumerken, dass jedes reine Papiergeldsystem, egal ob in einem Wald, in einer Wüste oder in einer Steppe, in der Vergangenheit irgendwann wieder verschwunden ist. Und das derzeitige Geldsystem mit seiner »Steppen-Dollardeckung« wird mit dem Untergang der großen Steppe ebenfalls wieder verschwinden – sehr bald schon! Denn dieses Geldsystem erlaubt die willkürliche Geldproduktion bis das Vertrauen der gesamten Tierwelt in die Kaufkraft schwindet.

Werden viele Kredite vergeben, steigt die Geldmenge im System entsprechend an. Wenn mehr Geld im Umlauf ist, steigen die Preise und man spricht von Inflation, die ich dir ja bereits auch schon erklärt habe. Genau genommen ist Inflation die Erhöhung der Geldmenge in einem Währungsraum. Was in den Statistiken veröffentlicht wird – die Verbraucherinflation – ist allerdings nur ein Teil des neuen Geldes. Daneben gibt es noch eine weitere Inflation: Die »Asset-Inflation«. Das ist die Wertsteigerung von Anlagegütern wie Aktien, Anleihen und Immobilien. Diese ist in den letzten Jahren wesentlich stärker gestiegen als die Verbraucherpreisinflation und das bedeutet, dass die Kaufkraft des Geldes bei Aktien, Anleihen und Immobilien stärker gesunken ist als bei Konsumgütern. Diese Überteuerung des Assets nennt man eine »Bubble« (Blase) und jedes unserer Kinder weiß, dass jede »Bubble« irgendwann mal platzt. Sollte dann eine Flucht aus den Assets einsetzen, dann werden die Verbraucherpreise explodieren, denn die jeweils betroffene Währung wird dann abverkauft. Die Steigerung der Geldmenge in unserem Wald in den letzten 20 Jahren hat die allgemeine Kaufkraft des Geldes auf ca. 1/3 reduziert.«

»Ich habe vor kurzem auch etwas über Deflation gelesen!« sagte das Wildschwein. »Kannst du mir auch darüber etwas sagen?«

»Natürlich!« fuhr der Hase fort. »Die Deflation ist ein von Politikern und Bankern gefürchteter Zustand des Finanzsystems. Die

Deflation tritt dann ein, wenn weniger Kredite neu vergeben werden, als insgesamt an Zinsen zu zahlen sind und die Folge daraus ist, dass die Geldmenge schrumpft, denn wenn ein Kredit zurückbezahlt oder wegen Uneinbringlichkeit abgeschrieben wird, verringert sich die Geldmenge um diesen Betrag. Das Problem bei diesem System ist, dass zur Bezahlung der Zinsen das dazu notwenige Geld von jemandem ausgeliehen werden muss. Das heißt, das Geld zur Zinszahlung muss im System durch neue Kreditvergabe erzeugt werden, sonst kippt das System in die Deflation. Einen ähnlichen Zustand hatten wir in unserem Wald von 2001 bis 2003. Die Banken haben ihre Kreditvergabe eingeschränkt und damit sind Aktien und Immobilien im Wert gefallen.

Einige Banken kamen ins Wanken und das obwohl die Geldmenge weiter gestiegen ist. Der natürliche Selbstschutzmechanismus der Banken, also die Krediteinschränkung, führt diese gemeinsam in den Abgrund. Daher springt in solchen Fällen gerne der Staat mit zusätzlichen Kreditaufnahmen ein, auch wenn dafür ein Krieg erforderlich sein sollte, denn Krieg hat immer eine inflationäre Wirkung. Durch den hier beschriebenen Mechanismus ist heute die Verschuldung weltweit auf ein ungeheures Maß angestiegen. Bei jedem Abschwung hat man durch Konjunkturprogramme die Geldproduktion wieder angekurbelt, um einen Absturz in eine desaströse Deflation wie in den 1920er Jahren zu verhindern. Aber irgendwann ist Schluss!«

»Gibt es so etwas wie einen Kreditzyklus?« fragte das Wildschwein.

»In der Tat gibt es einen langfristigen Kreditzyklus,« Herbie griff die Frage des Wildschweins sofort auf, um diese zu beantworten, »der bereits um das Jahr 1920 von einem Tier namens »Kondratieff« entdeckt wurde. Daher wird dieser Zyklus mit einer Dauer von 50 bis 70 Jahren auch als »Kondratieff-Zyklus« bezeichnet. Die Dauer ist deshalb so lang – etwa 2 Generationen –, weil nach dieser Zeit die Angst vor Schulden verschwunden ist. Der Schuldenberg erreicht wie heute so große Höhen, dass er abgebaut werden muss, bevor wieder ein neuer Zyklus beginnen kann. Diesen weltweiten Zyklus kann kein Politiker vermeiden und ein kanadisches Tier namens Gordon hat diesem Zyklus noch vier Jahreszeiten (Phasen) zugewiesen:

1.) Der Frühling, der im aktuellen Zyklus im Jahre 1949 begann. In dieser »Jahreszeit« erwacht die Wirtschaft nach einer Schuldenabbauphase wieder. Die Stimmung ist optimistisch, allerdings sind die Tiere bei der Kreditvergabe oder -aufnahme vorsichtig.

2.) Der Sommer, der im aktuellen Zyklus ungefähr im Jahr 1966 begann. In dieser »Jahreszeit« wird die Kreditvergabe stärker, Inflation setzt ein, Rohstoffe werden knapp und daher kommt es oft zu Resourcenkriegen. Diese Phase endet nach einer Rezession wie in den Jahren 1980 bis 1982.

3.) Der Herbst, der im aktuellen Zyklus im Jahre 1980 begann. Diese »Jahreszeit« ist eine herrliche Zeit mit wenig Kriegen. Die Rohstoffknappheit geht zu Ende, dafür steigen allerdings die Papierwerte von Anleihen, Aktien und Immobilie (Asset-Inflation). Es setzt eine Globalisierung durch neue Technologien ein, die Konsum- und Staatsverschuldung erreichen ungeahnte Ausmaße und legen somit den Grundstein für den Niedergang.

4.) Der Winter, der im aktuellen Zyklus im Jahre 2000 begann. In dieser »Jahreszeit« ist es Zeit für den Schuldenabbau. Mit einem Börsencrash beginnt eine Zeit der Deflation, d.h. der Wert des Geldes steigt gegenüber den Assets und massive Bankrotte stürzen die Wirtschaft in eine 3- bis 5-jährige Depression.

Jede dieser Phasen dauert etwa 10 bis 20 Jahre. Damit verbunden gibt es auch große gesellschaftliche Veränderungen und so bildet sich in der »Herbst-Phase« eine Bürokratie- und Anspruchsgesellschaft heraus, die in der »Winter-Phase« wieder zerstört wird. Gleichzeitig geht auch das alte Finanzsystem zu Ende und ein neues System mit wenig Schulden und meist mit Golddeckung wird geschaffen. Am Ende eines Zyklus standen immer Bürokratie, Verschuldung und Staatsbankrott und am Anfang war immer Gold die Grundlage eines neuen Finanzsystems. Dieser Zyklus ist unausweichlich, da er von der Massenpsychologie und dem Verschuldungsgrad bestimmt ist. Man kann die Phasen nur etwas beschleunigen oder verzögern. Gleichzeitig mit den Schulden steigen auch die Vermögen, da Schulden = Vermögen, und mit den Schulden werden gleichzeitig die Vermögen abgebaut. Das gilt allerdings nicht für alle Vermögen, denn durch geschickte Anlage hat man gegenüber den Unwissenden einen enormen Vorteil. Wirklich große Vermögen werden immer in einer tiefen Krise gemacht – auf Kosten der Unwissenden und der Nicht-Wissen-Wollenden.

»In diesem Zusammenhang stellt sich mir die Frage«, fragte das Wildschwein, »was in der Vergangenheit in diesem »Kondratieff-Winter« geschah?«

»Du hast erkannt«, sagte Herbie Hase, »dass wir uns derzeit in der »Winter-Phase« befinden. Diese Phase hat eindeutig mit dem Börsencrash im Jahr 2000 eingesetzt.

Manche Experten sagen auch, sie hätte schon mit dem Börsencrash im Jahre 1987 einsetzen sollen, wurde aber durch Liquiditätsspritzen der Zentralbanken immer wieder verzögert. Ab 2001 war das System auch bereits im Absturz, was sich in Großpleiten wie Enron oder Worldcom zeigte. Man hat sich aber mit Niedrigstzinsen – die große Steppe 1 von Hundert, unser Wald 2 von Hundert – und Krieg wieder herausinflationiert. Die derzeit laufende Reflation – das ist eine aggressiv, auf Vermeidung einer Deflation, ausgerichtete Wirtschaftspolitik –, ist die intensivste aller Zeiten. Daher explodieren die Rohstoffpreise wie in der »Sommer-Phase« der 1970er Jahre. Inzwischen drohen daher dieselben Gefahren wie in den 1970er Jahren, weil der Wert des schuldengedeckten Papiergeldes immer suspekter wird. Ab 1980 haben die Banken Zinsen von 20 von Hundert gebraucht, um das Vertrauen der Tiere wieder herzustellen. Solche Zinssätze würden bei der heutigen, hohen Verschuldung zum sofortigen Kollaps des Systems führen und dieser Kollaps wird auch kommen, wenn die Zentralbanken ihre Währungen real verteidigen müssen. Fand die

Asset-Deflation von 2001 bis 2003 noch gegen Papiergeld statt, so wird die weitere Deflation nur mehr gegenüber Gold stattfinden. So ist der Goldpreis seit 2001 von ca. 260 Steppen-Dollar/OZ auf über 1.200 Steppen-Dollar/OZ (November 2009) gestiegen. Obwohl man den Dow-Jones-Index durch Interventionsmaßnahmen für lange Zeit auf ca. 11.000 Punkte hochgehalten hat, ist er gegenüber Gold massiv gesunken. Sogar unser DAX hat mit Gold nur ungefähr mithalten können. Prognosen sagen, dass der Goldpreis über 10.000 Steppen-Dollar/OZ erreichen wird, wenn die Krise voll ausgebrochen ist.«

»Vor kurzem habe ich in einem Magazin gelesen«, stellte Werner Wildschwein fest, »dass der Goldpreis künstlich gedrückt wird.«

»Das geschieht bereits«, fuhr der Hase fort, »seit den 1980er Jahren. Die Zentralbanken drückten den Goldpreis bereits, nachdem er 1980 in einer Geldvertrauenskrise auf 850 Steppen-Dollar/OZ gestiegen war. Intensiv geschieht dies seit etwa 1992. Das meiste Gold, das die westlichen Zentralbanken als Währungsreserven 1980 noch hatten, wurde inzwischen verkauft oder verliehen. Es gibt Schätzungen über den realen Restbestand von nur noch 5.000 bis 15.000 Tonnen. Der wahre Zustand wird allerdings geheim gehalten.«

»Aber warum wurde und wird der Goldpreis gedrückt?« wollte das Wildschwein wissen.

»Der Goldpreis wird gedrückt«, antwortete der Hase, »weil er der signifikanteste Gradmesser für Inflation und das Vertrauen in das schuldengedeckte Papiergeld ist. Steigt der Goldpreis massiv, wie seit Sommer 2005 in allen Währungen, dann ist das ein Zeichen dafür, dass manche Investoren den Papierwerten nicht mehr recht trauen und ins sichere Gold gehen, hinter dem keine Schulden stehen. In der Tat ist Gold der gefährlichste Feind des Papiergeldsystems, das eigentlich nur durch das Vertrauen in die Banken und den Staat bestehen kann, denn Gold war schon vor 3000 Jahren ein Zahlungsmittel. Zusätzlich werden in allen Ländern die Konsuminflationsraten nach unten manipuliert.

In der großen Steppe ist der reale Wertverlust des Steppen-Dollars etwa 8 bis 10 von Hundert pro Jahr, obwohl eine staatliche Inflationsrate von etwa 3,5 von Hundert angegeben wird. In unserem Wald schwankt die angegebene Konsuminflationsrate zwischen 1,0 und 2,0 von Hundert. Die Entwicklung der Geldmenge lässt aber einen realen Wertverlust des Waldtalers von etwa 4 bis 5 von Hundert pro Jahr realistisch erscheinen. Überall mit stark steigender Tendenz wegen der hohen Energiepreise, die überall durchschlagen. Die Goldpreisdrückung geschieht auch psychologisch über die Medien und periodische Preisdrückungen. Regelmäßig erscheinen in den Medien Meldungen, dass der Goldpreis seinen endgültigen »Höchststand« erreicht hat und jetzt wieder fallen wird. Und prompt fällt er - durch Zentralbankverkäufe. Die Kleinanleger verkaufen dann ihr Gold, das die »Wissenden« dann einsammeln und anschließend steigt der Goldpreis dann natürlich wieder stark an. Dazu muss man wissen, dass der Höchstpreis von 850 Steppen-Dollar/OZ von 1980 heute etwa 2.500 Steppen-Dollar/OZ entsprechen würde, wenn man die reale Inflation seit dieser Zeit einrechnet. Von diesem Höchststand ist der Goldpreis noch weit entfernt. War bis etwa 2001 das Vertrauen in die Rückzahlbarkeit der gigantischen Staatsverschuldungen noch einigermaßen vorhanden, so glauben jetzt immer mehr Tiere in unserem Wald, in den Wüsten und in den Steppen, dass die Rückzahlung nicht mehr möglich sein wird, sondern die Zentralbanken gemeinsam versuchen, die Schulden wegzuinflationieren und damit deren realen Wert zu drücken. Daher gibt es weltweit eine Flucht in Edelmetalle - Gold und Silber - und andere Rohstoffe wie Öl und Kupfer. Hat man das Inflationsgespenst einmal aus der Flasche gelassen, ist es schwierig wieder einzufangen.

Als nächstes werden sich die Bond Vigilantes (Anleihen-Wächter) kräftig zu Wort melden. Sie tun es schon und verlangen bereits höhere Zinsen, besonders für lang laufende Anleihen. Werden diese auf den Markt geworfen, sinken deren Preise und daher steigt die Realverzinsung der Anleihen. Zinsen und Preis sind bei Anleihen mit festem Zinssatz immer invers - invers steht allgemein für die Umkehr einer Sache. Die Zentralbanken können diese am Markt verkauften Anleihen zwar mit frisch aus dem

»Nichts« erzeugten Geld aufkaufen – das nennt man »monetisieren« –, jedoch explodiert wegen der großen Mengen dabei die Geldmenge im System. Das führt zu weiteren Abverkäufen und sinkenden Währungen und die Flucht in das Gold wird noch größer. Die Zentralbanken können zwar Anleihen »monetisieren« und Geld drucken, jedoch Gold können sie nicht drucken. Wenn ihre eigenen Goldreserven erschöpft sind, sind ihre Währungen verloren. Inzwischen gibt es in asiatischen Steppen und in den arabischen Wüsten einen wahren Goldrausch. Die dort lebenden Tiere kaufen alles Gold, das sie bekommen können. Viel davon kommt von westlichen Zentralbanken, die ihr Gold abverkaufen oder verleihen – auf Nimmer Wiedersehen –, um die Zinsen nicht erhöhen zu müssen, denn das haben ihnen die Politiker verboten. Ich schätze, wenn der Goldpreis 1.000 Steppen-Dollar/OZ überschreitet, ist das Spiel für die Zentralbanken endgültig verloren. Dann wird eine massive Entwertung aller Papieranlagen durch Bankrotte und explodierende Zinsen einsetzen. Auch die Banken, die 2002 schon »gewackelt« haben, wird es dann reihenweise umwerfen, womit viele Spareinlagen verloren gehen werden. Das »schuldengedeckte« Papiergeld nennt man auch »Fiat-Money«, vom lateinischen Wort und bedeutet sinngemäß »es werde Geld«.

Der Befehl, der uns zu diesem Geld zwingt, ist natürlich staatlich und wenn sich die Staaten nicht mehr finanzieren können, geht auch das »Fiat-Money« verloren. Am Ende steht der Staatsbankrot und damit ein neues Regierungssystem. Das Ganze ist ein Vertrauensspiel, das gerade verloren geht.«

»Was bedeutet das für unseren Wald?« ragte Werner Wildschwein ängstlich.

»Für unseren Waldtaler bedeutet das, dass einige hochverschuldete Länder vor anderen in ernsthafte Zahlungsschwierigkeiten kommen werden. Dann werden sie wohl versuchen, aus dem Waldtaler auszubrechen, eine neue Währung einführen und dann direkt »monetisieren«, was bedeutet, dass die Zentralbank dem Staat direkt Geld gibt. Das Ergebnis ist natürlich dann eine Hyperinflation, bei der der Geldwert rasch gegen 0 sinkt. Das hilft der Staatsbürokratie noch einige Zeit länger an der Macht zu bleiben, allerdings zum Preis der totalen Verarmung der Tiere. Durch den Außenwertverlust der Währung explodieren die Konsumgüterpreise, jedoch die Löhne steigen nicht im gleichen Ausmaß. Obwohl die Preise explodieren, sinken sie gegenüber »harten Währungen« dramatisch. Eine Hyperinflation ist auch eine Deflation, wenn auch nur gegenüber stabilem Geld. Solche Zeiten sind natürlich ideal für Investoren, denn aus hartem Gold kann man dann Firmen, Immobilien und Aktien zu Niedrigstpreisen aufkaufen und die verarmenden Tiere müssen alles verkaufen, um überleben zu können.«

»Oh Gott!« Werner Wildschwein schlug die Hände vors Gesicht. »Was kann ich nur tun?«

»Lieber Werner!« sagte Herbie Hase. »Nachdem etwa nur 1 Tier von 100 diese Mechanismen wirklich kennt, wird die Masse der Tierwelt staunend und entsetzt zusehen, wie ihre Vermögensanlagen verschwinden, ihre Kredite unbezahlbar werden und die Konsumgüterpreise explodieren. Genauso war es auch 1922/23 in der Hyperinflation in unserem Wald. Kein Tier hat verstanden was passiert. Die »Eliten« - Politiker und Finanzwesen - tun natürlich alles, um den todkranken Zustand des Finanzsystems so lange wie möglich zu verschweigen, um eine Panik zu vermeiden und damit ihren eigenen frühen Abgang zu vermeiden. So hat etwa ein Finanzminister vor kurzem unserer Zentralbank weitere Zinserhöhungen »verboten«. Dafür werfen die Zentralbanken fleißig ihr letztes Gold auf den Markt, um die Zinsen »noch nicht« anheben zu müssen. Dass dieses Gold eigentlich Eigentum aller Tiere ist und nicht für politische Zwecke eingesetzt werden sollte, berichten die Medien natürlich nicht, denn sie sind selbst Teil der »Elite« oder verstehen die Sachlage nicht. Also, erwarte dir von der Allgemeinpresse und auch von der Finanzpresse nicht allzu viel brauchbare Informationen. Man muss aber sagen, dass internationale Organisationen wie der Internationale Währungsfond (IWF) oder die OECD seit einiger Zeit drastisch vor einer Steppen-Dollar-Abwertung und ihren Folgen warnen. Diese Warnungen werden aber nicht richtig transportiert oder verstanden.«

»Ich kann mir gar nicht vorstellen, dass es Tiere gibt, die diese Zusammenhänge nicht verstehen?« fragte sich das Wildschwein erstaunt.

»Weißt du, mein Freund.« fuhr der Hase fort. »Das größte Problem ist die Realitätsverweigerung der Bevölkerung. Sie will einfach nichts Negatives hören. Das trifft besonders angestellte Akademiker, denn die sind nur an ihrer Karriere interessiert und die Unterschichten dagegen, kümmern solche Dinge sowieso kaum. Alle stecken den Kopf in den Sand. Sie wollen Dinge, die so fremd und unheimlich sind, nicht wahrhaben. Das ist eine Art »Selbstschutz«, der hier aber auf einen Irrweg und in die totale Verarmung führen wird.«

»Und wann können wir mit dem totalen Kollaps rechnen?« wollte Werner Wildschwein nun wissen.

»Es gibt eine Menge Finanzliteratur«, fuhr Herbie Hase fort, »die sich mit diesem Thema beschäftigt, allerdings werden kaum Zeitpunkte genannt und in der Tat ist es schwierig einen genauen Zeitpunkt für das Losbrechen der echten Krise zu bestimmen, denn dieser hängt von einem externen Auslöser ab. In Frage kommen hierfür:

- Ein USA-???-Krieg, mit Dollar-Abverkauf durch die Welt!
- Großpleite wie General Motors – ist bereits todkrank!
- Untergang einer großen Bank oder Finanzinstitution!
- Untergang mehrerer Hedge-Fonds mit einer darauf folgenden Derivaten-Implosion!
- Panik-Abverkauf des US-Dollars und/oder von Anleihen!

Der Boden ist mit dem steigenden Goldpreis bereits vorbereitet. Dazu muss man den zusammenbrechenden Immobilienmarkt in der großen Steppe einbeziehen, sowie die Gesamtverschuldung der großen von ca. 45 Billionen Steppen-Dollar mit einem Außenhandelsdefizit von 800 Milliarden Steppen-Dollar in 2005. In der ganzen Welt haben sich so viele Dollars angesammelt, dass es schon viel zu viele gibt. Fast alle Aktien-Börsen sind derzeit auf Talfahrt.

Dazu kommen noch ca. 350 Billionen Dollar weltweit an komplexen Finanz-Derivaten, die primär von den Zinsen abhängig sind und mit denen spekuliert wird. Die Situation ist viel schlimmer als 1929, daher wird die kommende Depression auch die »Greater Depression« genannt. Primär wird die große Steppe betroffen sein, aber auch unser Wald wird genügend abbekommen. Das Hauptproblem liegt aber eindeutig in der großen Steppe – Imperium ade! Ein Auslöser genügt, um die Lawine loszutreten. Ich vermute – wie einige andere Tiere, die sich auskennen auch –, dass dies bis spätestens Jahre 2020 passieren könnte.«

»Wie kann ich diese Informationen für mich nutzen?« wollte Werner Wildschwein wissen.

»Es gibt einige wenige Finanzberater, die die Situation genau kennen und ihre Klienten entsprechend beraten. Wenn du von einem solchen beraten werden willst, dann findest Du einen in Deiner Nähe unter www.dach-freie-berater.de

Die meisten Berater sind nämlich primär Verkäufer für existierende Papier-Finanz-Produkte, bei denen sie Provisionen kassieren. Außerdem denken sie, wie die Masse ihrer Kunden, nur in der 20 Jahre alten Welt der Papier-Investments. Daher Vorsicht bei der Auswahl eines Beraters!

Das Wichtigste ist das Wissen um die Krise und die Bereitschaft, jetzt zu handeln. Viel Zeit bleibt nicht mehr. Diese Krise wird wahrscheinlich viele Nichtlinearitäten haben, daher ist es problematisch, sich auf eine Seite – Deflation oder Hyperinflation – festzulegen. Am Ende wird wieder ein goldgedecktes Währungssystem stehen müssen, alles andere wird nicht mehr akzeptiert werden. Es kann auch mehrere Zwischenstufen mit Notgeldern oder Ähnlichem geben. Wenn der Waldtaler zerbricht, ist mit einer anschließenden Hyperinflation zu rechnen. Diese kann bereits im Jahr 2011 losgehen. Wenn die Zinsen richtig explodieren – so beginnt jede Währungskrise –, dann kommen alle Kreditnehmer mit variablen Zinsen sofort große Probleme, besonders, weil die Arbeitslosigkeit explodieren wird. Die Banken werden versuchen, mit allen Mitteln ausstehende

Kredite einzutreiben, um selbst liquide zu bleiben. Das wird die Immobilienpreise zu Boden reißen. Eine enorme Pleitewelle bei Firmen wird ebenfalls kommen. Absolut tödlich sind natürlich Kredite im Schweizer Franken, denn dieser wird als Fluchtwährung enorm im Kurs steigen. Daher ist der beste Rat: Solche Kredite möglichst schnell zurückzahlen! Rechne nicht mit einer linearen Hyperinflation, die du mit fixem Kreditzins aussitzen kannst. Außerdem solltest du alle langfristigen Investments auflösen oder dafür sorgen, dass du diese kurzfristig auflösen kannst, denn wenn die Zinsen explodieren, gehen all diese Anlagen wertmäßig in den Keller. Dazu gehören: Aktien, besonders Anleihen, Investmentfonds und Versicherungen. Neben dem Wertverlust durch Währungsabwertung gegenüber dem Gold werden viele Investments noch durch Bankrotte dezimiert werden.

Gold und Silber werden die besten Investitionen der nächsten Jahre sein. Silber wird wahrscheinlich Gold noch überholen, wie es das heute schon tut. Wenn die Krise wirklich beginnt, ist damit zu rechnen, dass Gold und Silber nicht mehr erhältlich sein werden und bei der anschließenden Hyperinflation wird nur noch Gold und Silber im Wert real steigen. »Normale Anleger« sollten nur in physischem Gold und Silber anlegen. Die Preise sind heute immer noch günstig. Bitte keine Zertifikate kaufen, das ist nur Papier! »Experten« können wegen des Hebeleffekts auch in Gold- und Silber-Minen-Aktien in politisch stabilen Ländern wie Kanada oder Australien anlegen. Nicht in den U.S.A.! Du kannst ruhig auf über 50 von Hundert deines Vermögens in Gold und Silber gehen. Sammle viele kleine Einheiten - gut bekannte Münzen und auch kleine Barren. Große Goldbarren sind nur für Investoren geeignet, die damit später Firmen oder Immobilien kaufen wollen.

Trotz der zu erwartenden steigenden Inflation empfiehlt es sich, mit einem Teil des Vermögens jederzeit liquid zu bleiben. Das können Sparguthaben (bei Bankenkrise sofort abheben) sein, oder ganz kurzfristige Staatsanleihen sein. Wenn es kritisch wird, sollte ausreichend Bargeld in Waldtaler und Schweizer Franken oder Tschechischer Krone (zumindest für einige Monate) verfügbar sein. Rechne mit Banksperren wie in Argentinien 2002 und mit der Krise wird auch die Kriminalität explodieren. Spiele auf »Understatement«, also protze nicht mit Geld, sonst könntest du leicht ein Überfalls- oder gar Entführungsopfer werden. Erwarte auch Versorgungsprobleme bei Lebensmitteln und Energie, wenn Banküberweisungen nicht mehr funktionieren.

Für die große Mehrheit der Tiere kann allerdings nichts getan werden, denn diese sind so ignorant oder obrigkeitsgläubig, dass sie Geschichten oder Fabeln wie diese, gar nicht lesen oder nie danach handeln würden. Oder sie sind so verschuldet, dass sie nicht von den Schulden loskommen. Man sollte nicht vergessen, dass 80 von Hundert der Tiere in unserem Wald buchstäblich von der »Hand in den Mund« leben, also keine finanziellen Reserven für einen längeren Zeitraum haben. Der Staat wird in einer solchen Situation kaum eine Hilfe sein können, denn er geht selbst Bankrott. Ich hoffe, dass ich dir eine einfach zu verstehende Übersicht über das Geldsystem und seinen kritischen Zustand gegeben zu habe. Du musst jetzt nur noch handeln, um auf die »Sonnenseite« zu kommen!«

»Das werde ich sofort tun!« antwortete Werner Wildschwein.

Da es schon wieder sehr spät geworden war, verabschiedeten sich die beiden. Der Hase ging nach Hause zu seiner Familie und das Wildschwein wieder zu seiner Nachtschicht...

Illustration von Lukas Luke Drak
www.we-feel-yellow.com

»Der Morgen der Wahrheit«

Es war an einem Sonntagmorgen, als Werner Wildschwein noch in seinem Bett lag und schlief. Er schien unruhig zu schlafen, wälzte sich ständig von einer auf die andere Seite, immer wieder nach Luft schnappte und dabei ziemlich laut, sehr aufgeregt grunzte. Plötzlich erwachte er schweißgebadet, rieb sich seine kleinen Schweinsäuglein und versuchte sich erst einmal zu orientieren: »Wo bin ich? Habe ich heute verschlafen und meinen Termin mit dem Hasen verpasst? Oder muss ich zur Nachtschicht?« Er war immer noch schlaftrunken und benommen und drehte sich zur Seite. Er sah, dass seine Frau Wilma noch selig schlief und dabei leise und zufrieden grunzte. Nun drehte er sich zur anderen Seite und warf ein Blick auf seinen Wecker: »Mein Gott. Es ist ja erst Fünf Uhr morgens? Es dauerte einige Augenblicke, bis er bei vollem Bewusstsein war und seine Existenz wieder sortiert hatte und feststellte, dass er nur einen bösen Traum hatte...

»Wie kann es sein, dass ich davon träume zur Nachtschicht zu gehen? Ich muss doch gar nicht arbeiten und brauche kein Geld, da unsere Mutter Erde ein bewusstes Lebewesen ist und uns, also ihre Kinder, perfekt versorgt, verwöhnt und liebt. Niemand von uns Tieren muss arbeiten und jeder tut das, was er kann. Gerne, fröhlich, freiwillig und ist immer für die anderen Tiere in unserem Wald da. Wir leben in kleinen Gemeinschaften, die sich vollkommen harmonisch in die Landschaft einfügen. Alles grünt und blüht, Bienen summen über die Wiesen und sind eifrig bemüht, uns Tiere mit köstlichem Honig zu versorgen und unsere kristallklaren Quellen, Bäche und Seen, strotzen nur so vor Lebensenergie. Die Obstbäume lächeln förmlich und können es gar nicht erwarten, uns Tieren ihre Früchte zu schenken. Wir Wildschwein mögen natürlich am allerliebsten die fantastischen schmeckenden Buchekern oder auch die wundervollen Walnüsse. Wie konnte ich nur einen solch schrecklichen Traum träumen, in dem sich die Tiere des ganzen Wald, nein der ganzen Welt, dem Zwang des Geldes unterworfen haben, wo wir doch so etwas gar nicht brauchen?« Werner Wildschwein stand auf und dachte sich:

»Die Geschichte muss ich unbedingt meinem Freund, Herbie Hase, erzählen und da ich weiß, dass er jeden Morgen am Bach sitzt und kleine Steine ins Wasser wirft, werde ich mich gleich auf den Weg machen!«

Und so machte sich das Wildschwein auf den Weg zum Bach, um dem Hasen seinen Traum vom Geld zu erzählen. Als Werner am Bach angekommen war, saß Herbie Hase bereits auf einem Baumstumpf, war tief in seinen Gedanken versunken und warf immer wieder kleine Kieselsteine ins Wasser...

Illustration von Lukas Luke Drak
www.we-feel-yellow.com

»Ich hatte einen Traum«

Als Werner Wildschwein endlich den Bach erreicht hatte, rief er aufgeregt: »Herbie, mein Freund. Ich hatte letzte Nacht einen sehr seltsamen und beängstigenden Traum, von dem ich Dir unbedingt erzählen muss.«

»Beruhige Dich erst einmal«, sagte Herbie Hase, »und lass hören, was Du letzte Nacht geträumt hast!« Das Wildschwein erzählte ihm den ganzen Traum und Herbie hörte sehr aufmerksam hin. Als Werner fertig war sagte er: Weißt Du, mein Freund. Auch ich habe letzte Nacht von der Menschwelt geträumt. In meinem Traum war ein Mann, der in seiner Mittagspause zur Bank gegangen ist und ein bisschen Bargeld von seinem Konto abheben wollte. Ich glaube, es waren 100,- Waldtaler...«

Illustration von Lukas Luke Drak
www.we-feel-yellow.com

Illustration von Lukas Luke Drak
www.we-feel-yellow.com

»Schlußwort«

Abschließend möchte ich Sie noch darauf hinweisen, dass es mittlerweile immer mehr Menschen gibt, die sich vom Geld und den Finanzsystem lösen und arbeiten daran, eine Welt zu schaffen, die ohne Geld und Zinssystem funktioniert...

Wenn Sie den Weg der Zufriedenheit und des Glücks anstreben, dann werden Sie alles bekommen, was Sie wirklich brauchen und Geld spielt dann nur noch eine sekundäre Rolle in Ihrem Leben. Es ist dann einfach nur noch vorhanden. Es ist weder gut noch böse, denn Geld ist einfach Geld. Es wird vorhanden sein in dem Masse, indem Sie es benötigen, um die Dinge zu bezahlen, zu denen Sie sich tief in Ihrem inneren verpflichtet haben und es wird automatisch seinen Weg zu Ihnen finden, wenn Sie vollständig loslassen...

Solange wir alle allerdings noch von diesem Geldsystem abhängig sind, möchte ich Sie noch darauf hinweisen, dass Buchautoren, die sich kritisch der Finanzwelt entgegenstellen oder sich beispielsweise mit Themen wie Spiritualität, Grenzwissenschaften oder auch Hintergrundpolitik beschäftigen, nur selten oder gar nicht in Talkshows der »kontrollierten Medien« eingeladen werden. Wenn dies doch mal vorkommen sollte, dann stehen sie einer Schar von sehr kritischen Gegner gegenüber und werden selten die Chance bekommen auszusprechen, wie uns das Beispiel der Eva Herrmann in der Talkshow von Johannes B. Kerner eindrucksvoll gezeigt wurde.

Das ist auch einer der Gründe, warum diese Buchautoren, also auch ich, noch nicht so bekannt sind - wohlgemerkt noch nicht! -, wie Autoren mit den wohlklingenden Namen wie Steven King, Günther Grass oder andere Bestsellerautoren.

Deshalb müssen wir andere Wege gehen, um unsere literarischen Werke der Öffentlichkeit zugänglich zu machen. Beispielsweise als kostenloses e-Book. Sicherlich könnten wir uns auch durch Werbung finanzieren, doch wären wir dann noch unabhängig und neutral?

Wie soll ein Autor über eine neue, revolutionäre, freie Energiequelle berichten, wenn gleichzeitig ein namhafter Erdöl-Konzern in seinem Buch ein paar Seiten Werbung platziert und dafür eine Menge Geld auf den Tisch gelegt hat?

Wir sind absolut frei von Werbung, außer wir werben für eigene Buchprojekte oder für die Bücher anderer Autoren, die sich mit dem globalen Umkehrprozess beschäftigen und diesen dadurch unterstützen. Ich erkläre das hier nur aus dem Grund, weil es immer wieder Menschen gibt, die meinen, dass es auf dieser Welt alles kostenlos geben müsste und unsere Arbeiten kopieren und dann entweder einfach weitergeben oder diese sogar im Internet auf den verschiedensten Auktionsplattformen vertreiben.

Das ist ja tatsächlich sehr einfach, doch widerspricht es nicht nur dem 1. Gebot der Abakkaner, dem Gebot des fairen Handels, sondern entzieht den Schöpfern dieser Werke auch jegliche Lebensgrundlage. Deshalb wäre ich Ihnen sehr dankbar, wenn Sie die 1. Auflage dieses Buches (ab Frühjahr 2013 im Buchhandel) erwerben - Sie möchten ja ganz bestimmt auch wissen, wie die Geschichte weitergeht - oder auch sehr gerne eines der Bücher, die ab Seite 67 empfohlen werden, und mir so ermöglichen, auch in Zukunft hoch prisante Themen zu behandeln und die Wahrheit ans Licht zu bringen. Vielen Dank für Ihre Unterstützung!

Möge dieses e-Book an mich erinnern!

Dein Bernd M. Schmid

»Wahrheit«

»Wer einmal lügt, dem glaubst Du nicht,
und wenn er auch die Wahrheit spricht.
Drum meide die Lüge und spreche die Wahrheit!
Meide die Ausrede und sorge für Klarheit!

Liebe ist der Sinn des Lebens!
Dankbarkeit der Sinn des Gebens!
Drum meide die Lüge und spreche die Wahrheit!
Meide die Ausrede und sorge für Klarheit!

Liebe das Schöne und meide das Schlechte!
Suche das Gute und tue das Rechte!
Drum meide die Lüge und spreche die Wahrheit!
Meide die Ausrede und sorge für Klarheit!

Die Lüge wird doch niemals wahr,
auch nicht im nächsten Kalenderjahr!
Drum meide die Lüge und spreche die Wahrheit!
Meide die Ausrede und sorge für Klarheit!

Nicht nur der Tüchtige hat Glück,
denn Ehrlichkeit ist noch kein Auslaufstück!
Drum meide die Lüge und spreche nur Wahrheit!
Meide die Ausrede und sorge für Klarheit!

Am Ende wirst Du zu den Gewinnern zählen,
musst nur den Weg der Wahrheit wählen.
Drum liebe das Schöne und meide das Schlechte
und liebe die Wahrheit und tue das Rechte.«

Bernd M. Schmid

Illustration von Lukas Luke Drak
www.we-feel-yellow.com

»Die Hymne für den Frieden«

Die Menschen sind ja so verschieden,
doch gleich sind sie in Gottes Land.
Alle Welt sehnt sich nach Frieden,
drum reicht den Völkern eure Hand.

Wenn Verständnis für den Nächsten blüht,
Völker sich lieben von ganzem Herz',
nur noch das Licht des Friedens glüht,
verschwindet der illusorische Schmerz.

Jemand der Angst und Schrecken verbreitet,
so die Gemeinschaft der Völker zerstört,
wird von Teufel's Hand geleitet,
dabei jedoch Gottes Wort überhört:

»Meine geliebten Töchter und Söhne.
Einen der Krieg will, lasst einfach steh'n.
Wenn ihr sucht im Leben das Schöne,
wird ihm die Lust am Kriege vergeh'n.

Alleine steht er mit seinen Belangen,
kein Helfer, kein Freund an seiner Seite.
Wird irgendwann die Erkenntnis erlangen:
Krieg hat keinen Sinn! Er sucht das Weite!

Not und Leid gilt es zu zwingen
und ihr zwingt sie nur vereint.
Gemeinsam wird es euch gelingen,
dass die Sonne für alle Menschen scheint.

Die Menschen sind ja so verschieden,
doch gleich sind sie in meiner Hand.
Alle Welt sehnt sich nach Frieden,
drum lebet gleich in meinem Land.«

Bernd M. Schmid

Illustration von Lukas Luke Drak
www.we-feel-yellow.com

»Persönliche Widmung«